VOIR LES ANIMAUX

Redoutables prédateurs

FRANÇOIS MOUTOU

FLEURUS BBC

editionsfleurus.com

Direction éditoriale : Christophe Savouré
Direction du développement : Nicolas Ragonneau
Édition : Servane Bayle
Direction de création : Laurent Quellet
Direction artistique : Armelle Riva et Dominique Bon
Fabrication : Thierry Dubus et Florence Bellot

Films ***Tueurs-nés*** et ***Les grands prédateurs*** (série ***Prédateurs***)
Producteurs de la série : David Wallace et Peter Bassett
Producteur de Tueurs-nés : Andrew Murray
Producteur de Les grands prédateurs : David Wallace

Prémastering : DVD Maker

Conception graphique de la collection : Studio Bosson
Réalisation graphique : DOMINO, Marion Clément
Contribution rédactionnelle : Brigitte Mugel
Index : Servane Bayle

L'auteur remercie Valérie Besnard pour son aide et son soutien,
en particulier pour les chapitres concernant les invertébrés et
les animaux marins. Un très grand merci aussi à Sophie Antoine,
Julie Brousson et Émilie Lesage pour leur aide aussi précieuse qu'efficace.

15/27 rue Moussorgski, 75018 Paris
Dépôt légal : novembre 2006
ISBN : 978 2 215 05480-1
2e édition - n° édition M 09133 - septembre 2009

Photogravure : Turquoise
Achevé d'imprimer par TWP en Malaisie.
Loi n° 49-956 du 16 juillet 1949 sur les publications destinées à la jeunesse.

Petit mode d'emploi...

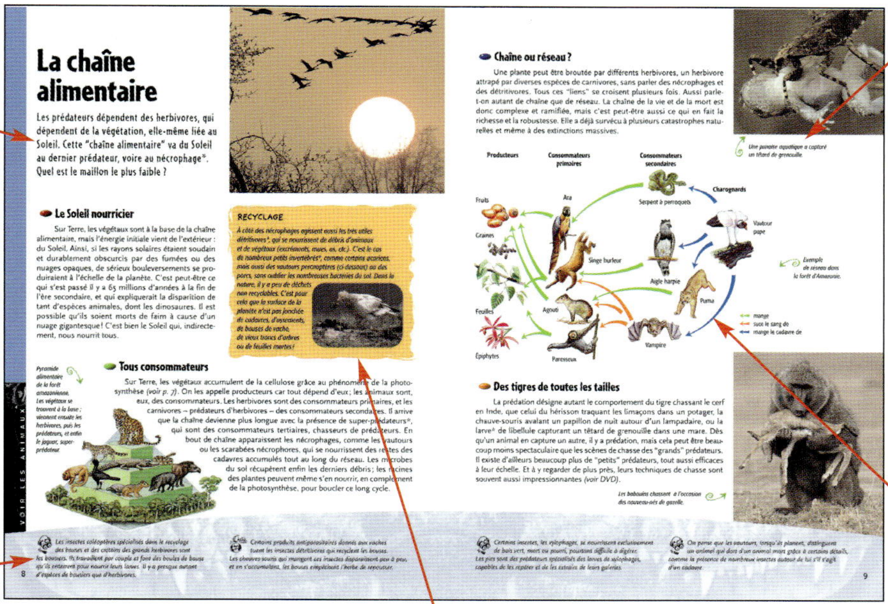

Un **texte introductif** ouvre la double page sur le thème abordé.

Des **légendes** permettent de replacer les documents dans leur contexte.

Des **photos** et des **dessins** illustrent les différents aspects de la vie des prédateurs.

Une **frise**, déroulée sur l'ensemble du livre, apporte des informations anecdotiques en rapport avec la double page.

Des **encadrés** proposent un éclairage particulier sur un thème précis.

Les photos portant le logo DVD sont extraites du DVD *Tueurs-nés* et *Les grands prédateurs*.

L'astérisque (*) signale les mots expliqués dans le **lexique** à leur première apparition sur une double page.

Les **pictogrammes** de la frise aident à identifier la nature de l'information :

- *Observation*
- *Anatomie et sens*
- *Histoire et paléontologie*
- *Culture*
- *Protection de la nature*
- *Nature menacée*
- *Chiffres et records*

Sommaire

La gazelle de Grant des savanes est-africaines est la proie idéale de nombreux prédateurs.

Il faut manger pour vivre

Tous les animaux doivent se nourrir pour vivre. Pour un herbivore, qui mange des végétaux, s'attaquer à une salade n'est pas trop difficile. Mais les carnivores – appelés aussi prédateurs – se nourrissent d'autres animaux, et doivent donc d'abord les capturer. Ce n'est pas si simple ! Comment les prédateurs font-ils pour ne pas mourir de faim, et comment les proies peuvent-elles continuer à vivre ?

Points communs

Curieusement, même si une salade, un ver de terre ou un loup ne se ressemblent pas, ils sont constitués d'éléments communs. Les trois grandes catégories de ces éléments sont les glucides ou sucres (comme dans le pain ou les pâtes), les lipides ou matières grasses (comme dans le beurre ou l'huile), et les protéines (comme dans le blanc d'œuf ou la viande). Tous les animaux et toutes les plantes contiennent ces éléments dans des proportions différentes. Ainsi, la composition d'une gazelle ressemble à celle d'un lion ! C'est pour cela que la gazelle vit en broutant de l'herbe, et que le lion grandit en chassant des gazelles.

Le guépard tue ses proies en les mordant à la gorge.

Les animaux ont besoin de minéraux, comme le calcium, pour consolider leur squelette. C'est pour cette raison que certains animaux mangent de la terre, ou que de nombreuses espèces se succèdent dans les salines pour y consommer des sels minéraux.

Les vitamines sont également essentielles à la vie, même si c'est en très petites quantités. Les herbivores les trouvent dans leur alimentation végétale, et les prédateurs les consomment avec leurs proies.

Des repas difficiles

Il existe de nombreuses différences entre les plantes et les animaux. La plus importante vient du fait que les premières sont capables de se nourrir à partir de l'énergie solaire, de l'eau et du gaz carbonique de l'air, grâce auxquels elles produisent des glucides et de l'oxygène. On appelle ce phénomène la photosynthèse. Les plantes peuvent ainsi croître sans manger personne, contrairement aux animaux qui s'alimentent en consommant d'autres êtres vivants. Les herbivores se nourrissent de tiges, de feuilles ou de rameaux de végétaux, qui sont constitués de beaucoup de cellulose, une forme de sucre que les animaux ne savent pas digérer directement. Ainsi, les herbivores trouvent facilement à manger mais ont un problème de digestion, tandis que les carnivores ont du mal à trouver une proie mais la digèrent facilement.

De nombreux insectes se nourrissent d'autres insectes : ici, une coccinelle et des pucerons.

Proies et prédateurs

Les herbivores, qui sont les proies des prédateurs, cherchent à les fuir. S'ils échappaient toujours, les prédateurs mourraient de faim. Mais s'ils n'échappaient jamais, ce sont eux qui disparaîtraient, et les prédateurs ne pourraient pas leur survivre. L'équilibre entre les uns et les autres est donc important. Un prédateur dépend rarement d'une seule proie, et une proie est rarement consommée par un seul prédateur. Pour fuir, les proies se sauvent ou se cachent. Pour les capturer, les prédateurs doivent courir plus vite ou avoir une très bonne vue, une excellente ouïe ou un odorat très développé.

Les scorpions utilisent essentiellement leurs pinces et leurs pièces buccales pour capturer leurs proies. Le venin qu'ils possèdent à l'extrémité de l'abdomen est plutôt une arme défensive.*

À la moindre alerte, le troupeau se disperse. L'organisation sociale et la puissance des zèbres en font des proies délicates à capturer.

Différents menus

Les régimes alimentaires des animaux se divisent en deux grands types : végétarien pour les herbivores, carné* pour les prédateurs. Il existe également d'autres régimes, plus spécialisés ou plus généralistes. Les omnivores profitent de tous les aliments, soit en permanence, soit au rythme des saisons. Les insectivores mangent de petits invertébrés* : insectes, araignées, mollusques, vers. Les ichtyophages se nourrissent de poissons, les teutophages de calamars et de poulpes. Les nécrophages* consomment des proies déjà mortes. Ces variations de régime permettent à quantité d'espèces de cohabiter, chacune ayant un menu un peu différent de celui de ses voisines. Cela augmente leurs chances de survie tout en diminuant la compétition entre elles.

De tous les êtres vivants, l'homme est sans doute l'omnivore dont la gamme alimentaire est la plus large. Selon les pays, ses menus sont très variés et très différents.

On discute encore pour savoir quand et comment la vie est apparue sur Terre. Ce qui est sûr, c'est que la prédation est très ancienne : elle a dû commencer peu après la vie elle-même. Elle est donc un phénomène essentiel pour comprendre la vie.

La chaîne alimentaire

Les prédateurs dépendent des herbivores, qui dépendent de la végétation, elle-même liée au Soleil. Cette "chaîne alimentaire" va du Soleil au dernier prédateur, voire au nécrophage*. Quel est le maillon le plus faible ?

Le Soleil nourricier

Sur Terre, les végétaux sont à la base de la chaîne alimentaire, mais l'énergie initiale vient de l'extérieur : du Soleil. Ainsi, si les rayons solaires étaient soudain et durablement obscurcis par des fumées ou des nuages opaques, de sérieux bouleversements se produiraient à l'échelle de la planète. C'est peut-être ce qui s'est passé il y a 65 millions d'années à la fin de l'ère secondaire, et qui expliquerait la disparition de tant d'espèces animales, dont les dinosaures. Il est possible qu'ils soient morts de faim à cause d'un nuage gigantesque ! C'est bien le Soleil qui, indirectement, nous nourrit tous.

RECYCLAGE

À côté des nécrophages agissent aussi les très utiles détritivores, qui se nourrissent de débris d'animaux et de végétaux (excréments, mues, os, etc.). C'est le cas de nombreux petits invertébrés*, comme certains acariens, mais aussi des vautours percnoptères (ci-dessous) ou des porcs, sans oublier les nombreuses bactéries du sol. Dans la nature, il y a peu de déchets non recyclables. C'est pour cela que la surface de la planète n'est pas jonchée de cadavres, d'ossements, de bouses de vache, de vieux troncs d'arbres ou de feuilles mortes !*

Tous consommateurs

Pyramide alimentaire de la forêt amazonienne. Les végétaux se trouvent à la base ; viennent ensuite les herbivores, puis les prédateurs, et enfin le jaguar, super-prédateur.

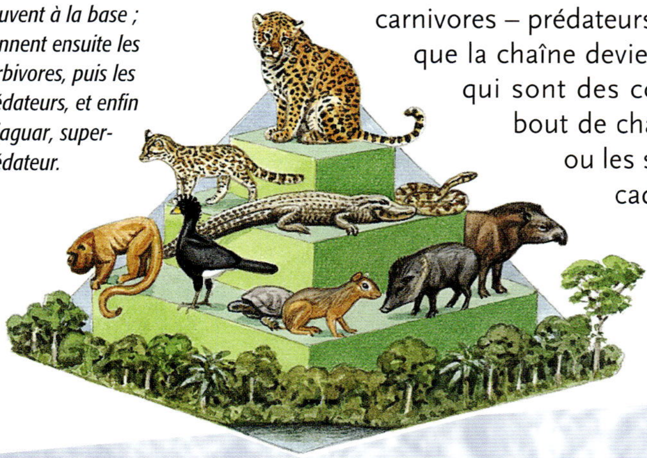

Sur Terre, les végétaux accumulent de la cellulose grâce au phénomène de la photosynthèse *(voir p. 7)*. On les appelle producteurs car tout dépend d'eux ; les animaux sont, eux, des consommateurs. Les herbivores sont des consommateurs primaires, et les carnivores – prédateurs d'herbivores – des consommateurs secondaires. Il arrive que la chaîne devienne plus longue avec la présence de super-prédateurs*, qui sont des consommateurs tertiaires, chasseurs de prédateurs. En bout de chaîne apparaissent les nécrophages, comme les vautours ou les scarabées nécrophores, qui se nourrissent des restes des cadavres accumulés tout au long du réseau. Les microbes du sol récupèrent enfin les derniers débris ; les racines des plantes peuvent même s'en nourrir, en complément de la photosynthèse, pour boucler ce long cycle.

Les insectes coléoptères spécialisés dans le recyclage des bouses et des crottins des grands herbivores sont les bousiers. Ils travaillent par couple et font des boules de bouse qu'ils enterrent pour nourrir leurs larves. Il y a presque autant d'espèces de bousiers que d'herbivores.

Certains produits antiparasitaires donnés aux vaches tuent les insectes détritivores qui recyclent les bouses. Les chauves-souris qui mangent ces insectes disparaissent peu à peu, et en s'accumulant, les bouses empêchent l'herbe de repousser.

Chaîne ou réseau ?

Une plante peut être broutée par différents herbivores, un herbivore attrapé par diverses espèces de carnivores, sans parler des nécrophages et des détritivores. Tous ces "liens" se croisent plusieurs fois. Aussi parle-t-on autant de chaîne que de réseau. La chaîne de la vie et de la mort est donc complexe et ramifiée, mais c'est peut-être aussi ce qui en fait la richesse et la robustesse. Elle a déjà survécu à plusieurs catastrophes naturelles et même à des extinctions massives.

Une punaise aquatique a capturé un têtard de grenouille.

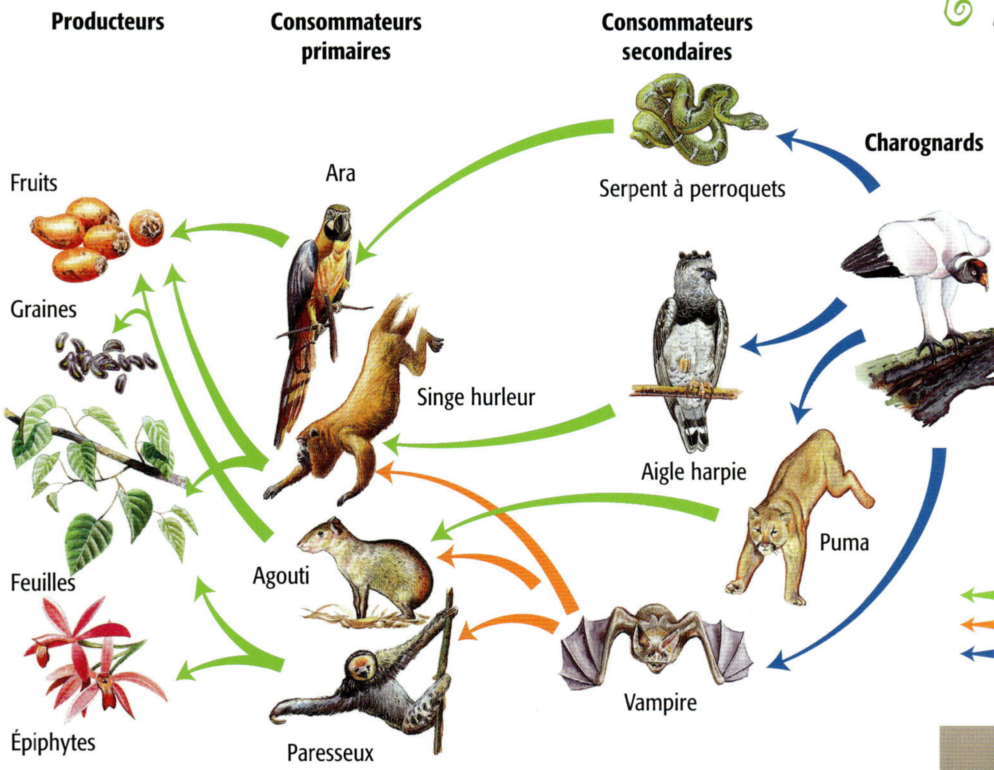

Exemple de réseau dans la forêt d'Amazonie.

Des tigres de toutes les tailles

La prédation désigne autant le comportement du tigre chassant le cerf en Inde, que celui du hérisson traquant les limaçons dans un potager, la chauve-souris avalant un papillon de nuit autour d'un lampadaire, ou la larve* de libellule capturant un têtard de grenouille dans une mare. Dès qu'un animal en capture un autre, il y a prédation, mais cela peut être beaucoup moins spectaculaire que les scènes de chasse des "grands" prédateurs. Il existe d'ailleurs beaucoup plus de "petits" prédateurs, tout aussi efficaces à leur échelle. Et à y regarder de plus près, leurs techniques de chasse sont souvent aussi impressionnantes *(voir DVD)*.

Les babouins chassent à l'occasion des nouveau-nés de gazelle.

Certains insectes, les xylophages, se nourrissent exclusivement de bois vert, mort ou pourri, pourtant difficile à digérer. Les pics sont des prédateurs spécialisés des larves de xylophages, capables de les repérer et de les extraire de leurs galeries.

On pense que les vautours, lorsqu'ils planent, distinguent un animal qui dort d'un animal mort grâce à certains détails, comme la présence de nombreux insectes autour de lui s'il s'agit d'un cadavre.

VOIR LES ANIMAUX

Dans beaucoup de milieux naturels de la planète, les prédateurs sont plus fragiles que les herbivores car ils sont moins nombreux. Ils disparaissent donc les premiers.

On a tué tous les pumas d'une forêt des États-Unis pour protéger les cerfs. Ces derniers se sont alors tellement multipliés qu'ils ont détruit la forêt et sont ensuite morts de faim.

Pyramide écologique

Quelle surface de prairie faut-il pour nourrir un campagnol, combien de campagnols pour nourrir une belette, et combien de belettes pour satisfaire le hibou ? Les herbivores sont-il plus nombreux que les carnivores ?

Question de calcul

On sait calculer, par exemple, la quantité d'énergie solaire qui alimente une prairie tempérée, et en déduire la quantité d'herbe qui y poussera. Il existe des instruments pour le mesurer. Si la prairie est située en zone non agricole, cette herbe nourrira des campagnols. Sachant que les petits rongeurs mangent pour grandir, pour ne pas avoir froid et pour se reproduire, on évalue la part de l'énergie utilisée pour chaque type d'activité. Mais les campagnols sont la proie des belettes, qui doivent elles-mêmes se méfier des renards et des hiboux. En fonction de la quantité d'herbe qui aura poussé, on calcule alors le nombre maximum de campagnols qui pourront vivre sur cette prairie, et le nombre maximum de belettes susceptibles de s'en nourrir.

Une chaîne en forme de pyramide

On parle de pyramide écologique pour expliquer que plus on monte dans la chaîne alimentaire, moins il y a d'individus *(voir schéma p. 8)*. L'herbe de la prairie représente la base de la pyramide. Le premier étage, déjà un peu moins large, est constitué par les campagnols. Puis l'étage des belettes est encore plus étroit, et la pointe permet juste à un hibou de se poser. Les campagnols peuvent vivre sur une seule prairie. Les belettes, moins nombreuses, aussi. Mais le hibou aura besoin de chasser sur plusieurs terres comme celle-ci pour élever sa nichée.

Plus = plus !

Curieusement, le nombre de prédateurs a parfois un effet bénéfique sur les proies. Par exemple, s'il n'y a que des chats et des merles, les merles seront constamment harcelés et donc peu nombreux. Mais si un prédateur concurrent des chats s'installe, il chassera un peu les merles, mais il forcera aussi les chats à venir moins souvent. En conséquence, il y aura sans doute plus de merles.

Un maillon de la chaîne alimentaire : une grenouille, qui s'apprête à capturer une libellule, va se faire attaquer par une couleuvre à collier (elle-même à la merci d'un rapace !).

Dans les pays agricoles, les forêts ont été remplacées par des cultures, et la faune sauvage par des animaux domestiques. Les prédateurs ne trouvent alors plus à se nourrir, et ils sont chassés lorsqu'ils tuent des animaux domestiques.

Les animaux d'élevage sont généralement des herbivores. Ils sont élevés par nécessité. Les animaux domestiques de compagnie, comme le chien et le chat, sont des carnivores. Plus chers à nourrir, ils sont surtout nombreux dans les pays riches.

Des menus très divers

Le mot "carnivore" désigne un régime alimentaire carné* et un groupe de mammifères* possédant le même type de dents, faites pour déchirer et manger de la viande. Mais ces derniers ne sont pas tous exclusivement carnassiers : certains sont omnivores, d'autres insectivores, voire végétariens.

Il existe des carnivores carnassiers (qui se nourrissent de viande crue) et d'autres qui ne le sont pas. Les prédateurs sont tous carnassiers si on prend le mot "viande" au sens large (chair de n'importe quel animal). Mais le plus souvent, ce terme désigne seulement les muscles des mammifères, des oiseaux, des reptiles et des batraciens*. Les chasseurs d'autres proies portent d'autres noms.

CARNIVORE CARNASSIER
Le **tigre** est un mammifère carnivore, carnassier et prédateur. Dans les forêts asiatiques, il chasse cerfs et sangliers. Il a besoin d'un vaste territoire pour satisfaire l'ensemble de ses besoins (nourriture, repos, reproduction, élevage des jeunes).

CARNIVORE NON CARNASSIER
Le **grand panda** est un ours. Il appartient à l'ordre des carnivores, mais il est totalement herbivore. Dans les provinces de Chine où il vit, il mange toute l'année des pousses de bambou. Comme c'est peu nourrissant, il passe l'essentiel de son temps à s'alimenter. S'il trouve un cadavre d'animal, il en profite. Il est cependant incapable de capturer une proie : il n'a pas perdu le goût de la viande mais la capacité de chasser.

ICHTYOPHAGE
Ce nom signifie en grec "mangeur de poisson". Les **loutres** sont des carnivores adaptés à l'eau des rivières et des marais, parfois de l'océan. Toutes les espèces chassent et pêchent, le plus souvent des poissons et des écrevisses, parfois aussi des grenouilles, des oiseaux d'eau, des rongeurs aquatiques.

Certaines tortues marines passent d'un régime carnivore lorsqu'elles sont jeunes à un régime herbivore à l'âge adulte. C'est le cas de la tortue verte. À l'inverse, les têtards sont souvent herbivores ou détritivores, et deviennent prédateurs à l'état de grenouilles.*

Plus les animaux sont petits et plus leur régime alimentaire doit être énergétique. Ainsi, la musaraigne étrusque (le plus petit mammifère du monde avec ses 2 g seulement) mange plus que son poids par jour, alors que le tigre (environ 100 kg) n'avale quotidiennement qu'une maigre partie de son poids.

Insectivore

Les taupes, les hérissons et les musaraignes sont des chasseurs d'invertébrés* : principalement des insectes, mais aussi des vers de terre, des limaces et des escargots. Ils sont insectivores. Si l'occasion se présente, ils sont aussi capables de se saisir de petits vertébrés. Le **merle noir** fait concurrence aux mammifères insectivores dans la chasse aux vers de terre.

Hématophage

Se nourrir de sang est classique chez les invertébrés : insectes (moustiques) et acariens (tiques) pratiquent ce régime. Chez les vertébrés, les seuls hématophages sont les trois espèces de chauves-souris vampires d'Amérique du Sud. Le vampire roux, le plus commun, s'attaque aux animaux domestiques et parfois à l'homme. Sa morsure peut transmettre la rage.
Ce **vampire d'Azara** se nourrit sur une truie, sa langue formant une gouttière pour aspirer le sang.

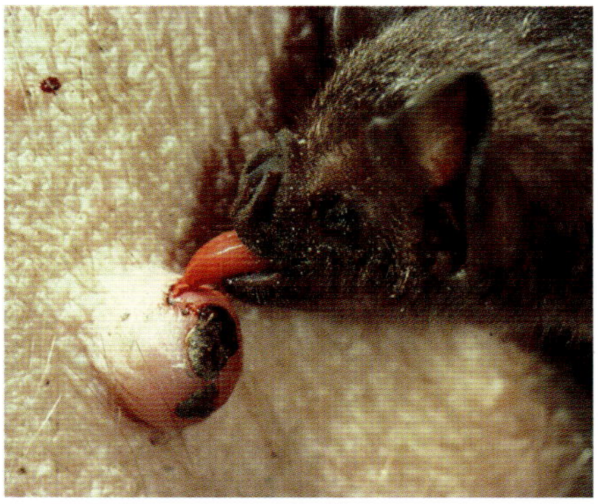

Omnivore

L'**ours brun** est un carnivore dont le régime est aux trois quarts végétarien et un quart carné. En fait il est omnivore, c'est-à-dire qu'il mange de tout ! Son menu varie selon la saison et le lieu : il arrache herbes, jeunes pousses, racines, fruits ou baies, se régale de miel, attrape des insectes, défonce les fourmilières, capture des campagnols et parfois des cerfs. En Amérique du Nord et au Kamtchatka, les grands ours bruns pêchent aussi des saumons.

ET LES PARASITES ?

Ce ne sont pas vraiment des prédateurs, mais ils se nourrissent de leur hôte. Les vrais parasites, comme le ténia ou les poux, vivent directement aux dépens de l'animal parasité. Les commensaux, eux, profitent seulement des restes du repas de l'espèce parasitée, mais sans vraiment lui causer de tort.*

Planctonivore

Le plus gros animal de tous les temps, la **baleine bleue**, se nourrit de tout petits crustacés : le krill*. Elle est planctonivore : elle se balade bouche ouverte dans des nuages de plancton* portés par les courants marins, et en avale d'énormes gorgées, jusqu'à 4 tonnes par jour.

Myrmécophage

Fourmis et termites abondent sur la surface de la Terre. Les mangeurs de ces insectes sont appelés fourmiliers ou myrmécophages. Le **grand fourmilier** ou tamanoir d'Amérique du Sud est le plus célèbre. Il possède des griffes puissantes pour ouvrir les termitières et les fourmilières, et une longue langue pour capturer les insectes qui y habitent. Comme la plupart des myrmécophages, il n'a pas de dents.

L'échidné à bec court, qui habite l'Australie, la Nouvelle-Guinée et la Tasmanie, se nourrit d'insectes : fourmis et termites. L'échidné à long bec de Nouvelle-Guinée préfère les vers de terre qu'il aspire comme des spaghettis !

Plusieurs espèces de mammifères sont myrmécophages : l'échidné qui ressemble au hérisson, le grand fourmilier doté de l'une des plus longues langues, le pangolin recouvert d'écailles, l'étrange oryctérope, dont le nom signifie "cochon de terre", et le protèle, une petite hyène qui ne mange que des termites.

Spécialistes et généralistes

Tous les goûts sont dans la nature, en particulier au niveau du choix des menus. Certains prédateurs se nourrissent d'animaux très variés, d'autres au contraire semblent n'aimer qu'un seul type de proie. Qui mange quoi ?

Spécialiste ou généraliste ?

Il y a tellement à manger dans la nature que le plus simple serait de consommer un peu de tout. De la viande et des fruits, des légumes et du poisson, quelques insectes et des crustacés. Plus facile à dire qu'à faire. En effet, non seulement on n'attrape pas de la même manière une cerise et une grenouille, mais en plus on ne les mâche pas non plus pareil, et on les digère différemment. Certains prédateurs se sont donc spécialisés pour mieux réussir à se nourrir et pour éviter trop de concurrence avec les autres carnivores.

La salamandre européenne se nourrit d'invertébrés, tels que les vers et les limaçons.*

Les spécialistes

Hermines et belettes se ressemblent beaucoup. Basses sur pattes, très fines, elles ont une silhouette mince adaptée aux poursuites dans les terriers de campagnols. Comme il existe plusieurs espèces de campagnols de tailles différentes, les belettes, plus petites, chassent les petits campagnols des champs alors que les hermines, plus grandes, traquent les grands campagnols terrestres *(photo ci-contre)*. Peu de prédateurs sont aussi efficaces qu'elles pour capturer leur nourriture. Certaines années, les populations de campagnols pullulent. Ces cycles s'expliquent mal, mais leurs conséquences sont claires. Les années riches en campagnols, belettes et hermines font bombance et élèvent de nombreux petits. Les années sans, affamées, elles ne se reproduisent pas du tout et peuvent même disparaître localement. Elles sont incapables de se nourrir d'autre chose : ce sont de vraies spécialistes.

Le blaireau sait changer de régime selon les pays. En Grande-Bretagne, il se nourrit surtout de vers de terre capturés la nuit. En Italie, il ramasse les olives sous les oliviers.

Les rapaces et quelques autres oiseaux (goéland, héron, corneille) recrachent par la bouche des pelotes de réjection contenant les restes non digérés de leurs proies. On y trouve les petits os des rongeurs, des musaraignes, des grenouilles et des oiseaux capturés, les pattes et les élytres des insectes avalés.

Les généralistes

Le renard de nos campagnes est un carnivore généraliste. Il chasse dans les champs les campagnols, l'une de ses proies habituelles. Mais les années où il n'y en a pas ou très peu, il mange des vers de terre au printemps, des fruits à la fin de l'été, et se rapproche des villages et des villes, plus pour les poubelles qui regorgent de nourriture que pour les poulaillers. Bien sûr, une basse-cour mal clôturée fera également son bonheur ! Beaucoup de citadins, en donnant à manger à leur chat dans le jardin, ignorent qu'ils nourrissent aussi d'autres animaux : quelques renards et parfois même des hérissons. Ainsi, tout carnivore qu'il est, le renard peut manger des aliments assez différents et sait profiter des circonstances : c'est un prédateur opportuniste*.

En zone urbaine, le renard roux sait faire les poubelles, et les aires de pique-nique sont une véritable aubaine pour lui.

L'INCONVÉNIENT D'ÊTRE SPÉCIALISTE

Quand la myxomatose a éliminé presque tous les lapins de garenne de France, l'aigle de Bonelli, spécialiste qui s'en nourrit, a failli disparaître. Le renard, généraliste, s'est contenté de manger plus de campagnols et de faire les poubelles plus souvent. Les spécialistes sont plus fragiles que les généralistes.

Crotte de renard

Crotte de martre

Crotte de chat sauvage

Qu'avez-vous mangé ?

Pour savoir qu'un renard a avalé un ver de terre ou qu'une hermine a croqué un campagnol, il existe plusieurs méthodes. On peut les suivre pas à pas et observer leur comportement, mais il faut être très discret et avoir beaucoup de patience. Et de nuit, on risque de ne rien voir. On peut aussi analyser le contenu de leur estomac, mais cette méthode ne peut être pratiquée que sur des animaux morts (tués à la chasse, au bord d'une route...). Une méthode plus douce, même si elle est peu appétissante, consiste à ramasser leurs crottes (appelées fientes pour les oiseaux). Elles contiennent en effet les restes de leurs proies et renseignent même sur les quantités mangées. Beaucoup d'études de régimes alimentaires de mammifères* se font ainsi.

L'analyse des pelotes de réjection des rapaces nocturnes est une excellente méthode d'étude de la faune d'une région. Certaines espèces (rongeurs, musaraignes...) mangées par les chouettes et les hiboux n'ont même jamais été capturées ni vues vivantes par les naturalistes !

Certains papillons ne pondent leurs œufs que sur des espèces végétales très précises. Leurs chenilles ne savent pas se nourrir d'autres plantes. Il n'y a pas que les prédateurs qui se spécialisent.

Peu d'antilopes se servent de leurs cornes pour se protéger des lions ou des panthères. Ces "ornements" sont plutôt utilisés dans les combats entre mâles, pour la défense du territoire ou la conquête des femelles au moment de la reproduction.

Chez certaines espèces, les adultes meurent après la reproduction. Les différentes générations ne se connaissent pas. C'est le cas des saumons et des pieuvres qui meurent après leur ponte, ou de l'araignée Amaurobius ferox qui se laisse dévorer par ses petits (voir DVD Tueurs-nés, chap. 2).

La mort ou la vie !

Parler de la prédation revient toujours à parler de la mort. Le prédateur tue pour vivre : quand des lionnes capturent un gnou, elles le font pour se nourrir, elles et leur famille. Dans le monde animal, la vie de l'un et la mort de l'autre sont nécessairement imbriquées.

Les animaux ne font pas de vieux os

Dans la nature, les animaux sauvages meurent rarement de vieillesse : les herbivores âgés sont plus facilement capturés par les prédateurs, et les vieux prédateurs sont parfois tués par de plus jeunes qu'eux. Ces comportements sont dictés par des impératifs de survie. La haine ou la cruauté attribuées à certains prédateurs carnassiers sont des déformations du regard porté par l'homme sur les animaux. L'homme est sans doute par ailleurs le seul être vivant à avoir notion de la mort.

Quand les petits ne sont pas protégés

Lorsqu'une meute de loups harcèle un troupeau de bisons, c'est pour isoler un individu plus faible, souvent un petit veau, qu'ils vont attraper et tuer. Pourquoi les adultes ne protègent-ils pas toujours leurs petits ? De même pourquoi, en cas de famine, les lions se nourrissent-ils avant les lionceaux, qui peuvent alors mourir de faim ? Dans la nature, les adultes passent généralement avant les jeunes, c'est une "loi" vitale pour l'espèce. En effet, dès que les conditions redeviennent favorables, les adultes sont de nouveau capables de se reproduire. Si les jeunes avaient survécu seuls, il se passerait un temps beaucoup plus long avant qu'ils ne puissent se reproduire à leur tour. La capture ou la mort des petits permettent ainsi de sauver le groupe. Il faut distinguer le sort réservé à chacun du sort de la communauté entière.

Chez certains marsupiaux australiens, les mâles meurent après la reproduction, ce qui laisse la nourriture disponible pour les femelles et les futurs jeunes.*

Les espèces qui pondent des milliers d'œufs ne peuvent pas s'occuper de tous. C'est le cas de nombreux poissons. Les œufs sont parfois abandonnés au gré des courants, dans le plancton où beaucoup disparaissent avant d'éclore. Les soins parentaux ne sont possibles que si le nombre de jeunes est limité.*

Histoires de cannibales

Le cannibalisme existe chez les carnivores. Certains prédateurs chassent et dévorent en effet des animaux de leur propre espèce. Quelques exemples sont célèbres, mais est-ce un phénomène courant ?

Amour fatal

Le dévouement de la mante religieuse mâle ou de certaines araignées mâles est célèbre ! Ces insectes et ces arachnides sont bien plus petits que leurs femelles respectives. Lors de l'accouplement des mantes religieuses, dès la fin des préparatifs et le début de la copulation, la femelle tourne la tête – phénomène peu fréquent dans le monde des insectes – et entreprend de dévorer le mâle *(photo ci-dessus)*. Celui-ci, même complètement décapité, continue son travail et peut féconder la femelle, qui le mange alors tout entier. Même quand ils ne sont pas dévorés, les mâles sont épuisés par l'accouplement et y survivent rarement. Il est très exceptionnel qu'ils s'accouplent une seconde fois. Il est donc astucieux qu'ils soient utilisés pour nourrir la pondeuse et sa descendance, augmentant ainsi les chances de survie de leur progéniture.

Au petit bonheur la chance

Dans le monde des invertébrés*, où la notion de parents et d'enfants n'est pas toujours très évidente, il arrive que de petits individus soient dévorés par des plus gros de leur propre espèce. C'est le cas dans les nuages de plancton*, au hasard des courants marins et des rencontres. C'est vrai aussi chez beaucoup de poissons et d'amphibiens*. Par exemple, les gros brochets femelles de nos rivières avalent parfois un mâle plus petit qu'elles après le frai*, afin de reconstituer plus vite leurs réserves. Parfois, la survie tient un peu du hasard.

Les serpents se nourrissent parfois d'autres serpents. Le naja peut même être cannibale (photo ci-contre).

Le cannibalisme rituel a été longtemps pratiqué chez l'homme. Ceux qui se nourrissaient de chair humaine s'appropriaient de la sorte les qualités du défunt. Dans beaucoup de pays, on donne encore maintenant un sens symbolique à la nourriture.

Jean-Henri Fabre (1823-1915) – un précurseur de l'éthologie, la science du comportement animal – a un jour observé une mante religieuse femelle dévorant huit mâles à la suite, sans le moindre signe d'indigestion !

Des crottes à avaler

Chez quelques mammifères*, il existe un phénomène curieux appelé caecotrophie, assimilable à une certaine forme de cannibalisme. Les lapins, les lièvres et les castors produisent deux types de crottes bien différentes. D'abord les caecotrophes, qui sont le résultat du premier passage des aliments dans leur tube digestif. Il s'agit de boulettes molles, luisantes et très riches en vitamines, associant des restes d'aliments en cours de digestion à des productions intestinales. Elles sont systématiquement ravalées. Après le second passage et la digestion définitive, tous ces animaux font les petites "crottes de lapin" bien connues, toutes rondes et sèches, du type de celles que l'on trouve près des garennes.

Les musaraignes sont de vrais prédateurs, terribles chasseurs d'invertébrés à leur échelle. Elles ne pèsent que quelques grammes et n'ont pas beaucoup de place pour faire des réserves. Sans nourriture, elles meurent souvent de faim au bout de quelques heures. En attendant de trouver rapidement une proie, elles peuvent émettre une crotte spéciale "de la dernière chance", qu'elles avalent et qui leur permet de tenir encore un peu.

DVD

L'araignée Amaurobius ferox *se laisse dévorer par ses petits lorsqu'ils ont atteint un certain stade de développement. Ils grimpent sur son dos et lui aspirent son énergie vitale (voir DVD Tueurs-nés, chap. 2).*

Les varans de Komodo, en Indonésie, sont les plus grands lézards du monde. Capables de tuer un buffle, ils sont aussi cannibales à l'occasion.

LE CAS DU PLACENTA

Les mammifères placentaires (c'est-à-dire tous, sauf les marsupiaux, l'ornithorynque et l'échidné) développent leurs fœtus dans un placenta*. Cette poche étonnante, qui permet les échanges entre la mère et ses embryons pendant la gestation, est expulsée quelques minutes à quelques heures après la mise bas. Il s'agit d'un tissu développé à partir de l'embryon. Très souvent les femelles le consomment. Certains assimilent ce comportement à du cannibalisme.*

La grenouille Goliath, qui vit au Cameroun, est la plus grosse de toutes les grenouilles. Il lui arrive de manger l'une de ses congénères.

Tueurs avant d'être nés

Les embryons du requin-renard se nourrissent des ovules que la femelle continue de produire. On appelle cela de l'oophagie. Chez le requin-nourrice gris, les embryons les plus vigoureux consomment les autres à l'intérieur de l'utérus, jusqu'à ce qu'il n'en reste plus qu'un. C'est du cannibalisme embryonnaire.

Les rapaces nocturnes, comme la chouette effraie, pondent souvent plus d'œufs qu'ils ne peuvent nourrir de poussins. En cas de pénurie alimentaire, le dernier-né sera mangé par ses aînés.

On ne sait pas toujours pourquoi des carnivores femelles mangent parfois leurs nouveau-nés. Les petits sont peut-être mal formés, mais la femelle elle-même peut souffrir de divers troubles, notamment en captivité si ses conditions de vie ne lui conviennent pas.

Comment s'y prendre ?

Être prédateur est un véritable métier ! Il faut de la méthode si l'on veut avoir des chances de réussir. Mais à chaque physique correspond une manière différente de se lancer dans l'aventure. À chacun sa chasse !

Avec ses 30 m et ses 130 tonnes, la baleine bleue est le plus grand animal ayant vécu sur Terre. Elle ne se nourrit que de krill qu'elle "engouffre" en nageant d'un bout à l'autre des bancs de crustacés, bouche grande ouverte.*

Les fainéants "filtreurs"

Dans l'océan, la principale source de nourriture est le plancton*, constitué de toutes les formes de vie qui se laissent porter par les courants. On y trouve divers invertébrés* comme le krill, des larves* (dont des alevins* de poissons), et même certaines espèces de petits poissons. Les prédateurs qui s'en nourrissent exclusivement sont légion. Ils vont des minuscules invertébrés, comme les copépodes, aux plus gros poissons (requin-baleine, requin-pèlerin, raie manta) et mammifères* marins. Ils ont mis au point différentes techniques pour filtrer le plancton.

Tout en nageant, les baleines à fanons abaissent leur mâchoire inférieure, remplissant leur gorge d'une énorme quantité d'eau. Elles referment alors leur mâchoire et, avec la langue, chassent l'eau à travers les fanons. Ceux-ci retiennent le krill qu'il ne reste plus qu'à avaler. De leur côté, les poissons, y compris les requins utilisent leurs ouïes* et leurs branchies*, et les copépodes leurs soies (poils terminant leurs membres) pour filtrer le plancton.

Certains prédateurs marins vivent fixés sur le plancher océanique sans nager. Pour capturer le plancton, les bernacles agitent leurs "bras", et les gorgones utilisent leurs "branches" orientées perpendiculairement aux courants. Les éponges font circuler l'eau par aspiration à travers leur corps.

Les gorgones filtrent le plancton pour se nourrir.

Les prédateurs sportifs

D'autres espèces ne peuvent pas attendre et doivent aller chercher leurs proies là où elles se cachent, pour les débusquer, les déterrer, les capturer. Il y a sans doute plusieurs méthodes de recherche, pas nécessairement incompatibles. Les chasseurs en maraude se promènent un peu au hasard sur leur territoire, à l'affût d'un bruit, d'un mouvement, d'une odeur. Un prédateur qui a déjà capturé une proie à un certain endroit aura tendance à y repasser. Parfois, le prédateur semble avoir l'idée, l'image de ce qu'il cherche. Par exemple, lors d'une année où les campagnols abondent, le renard ira les chercher et ne s'arrêtera pas devant des poubelles ni devant la garenne des lapins.

Souvent, la silhouette d'un animal indique son type de régime alimentaire et la façon dont il se procure sa nourriture. Par exemple, les thons, les dauphins et les ichtyosaures (dinosaures marins de l'ère secondaire) ont des formes proches : ils sont ou étaient d'actifs chasseurs de poissons marins.

Les chauves-souris chassent de nuit là où martinets et hirondelles chassent de jour. La forme des ailes de tous ces prédateurs indique qu'ils cherchent les mêmes types d'insectes en plein ciel. Les chauves-souris qui chassent près du feuillage des arbres ont des formes d'ailes et des proies différentes.

Le guépard est l'animal le plus rapide. Il est même souvent "en vol" quand il poursuit sa proie.

À chacun ses dons

Tous les prédateurs ne sont pas bâtis pareil et ne repèrent pas leurs proies de la même manière. Les chasseurs actifs sont souvent vifs et élancés. Ceux à l'affût sont plus trapus. Les animaux habitant des milieux ouverts, comme les savanes, utilisent beaucoup leur vue. Ceux qui vivent et se nourrissent en forêt comptent plutôt sur leur ouïe et leur odorat. Les espèces nocturnes ou souterraines fonctionnent également beaucoup à l'oreille et au nez.

DE LA MÉTHODE

Pour se nourrir, la larve de coccinelle monte le long d'un rameau sans s'interrompre – sauf si elle rencontre une proie – jusqu'au point le plus élevé qu'elle puisse atteindre. C'est là qu'elle a le plus de chance de trouver des pucerons. Elle redescend ensuite au premier embranchement, puis monte sur un autre rameau et redescend à nouveau. Lorsqu'elle arrive au pied de la plante, elle l'a théoriquement fouillée dans son intégralité. Quand elle atteint sa proie, sa démarche change : de rectiligne elle devient zigzagante, ce qui lui permet de ne pas rater de pucerons. Dans une prairie, le renard qui fait des cercles concentriques pour tomber sur une piste de campagnols ne fonctionne pas autrement.

Quand le pygargue africain a repéré un poisson, il effectue un vol rasant et le saisit en projetant rapidement ses serres dans l'eau.

La grenouille verte se nourrit principalement d'insectes. Comme toutes les grenouilles, elle chasse à l'affût.

Le faucon pèlerin attaque en piqué à plus de 200 km/h et assomme sa proie à l'impact. À cette vitesse-là, s'il fait une fausse manœuvre, c'est lui qui s'écrase. L'aigle harpie d'Amérique du Sud, lui, est capable d'arracher un singe ou un paresseux de la branche où il se tient.

Le lévrier, qui est un chien, ressemble au guépard, un félin. Tous deux chassent à vue des proies rapides (lièvres pour le premier, gazelles pour le second) dans des espaces dégagés.

La différence qui tue

Les animaux savent très bien communiquer entre eux et peuvent ainsi s'avertir de dangers. Cependant, pour échapper à la prédation lorsque l'on est une proie potentielle, il faut parfois ne rien faire, ne pas bouger et ne faire aucun bruit...

Règle n° 1 : ne pas se faire remarquer

Quand il n'y a qu'une seule gazelle dans la savane, le regard de tous les lions converge sur elle. Lorsqu'elles sont des milliers, chacune est cachée par toutes les autres. Cependant, pour vivre longtemps, une gazelle ne doit pas seulement rester dissimulée, mais surtout ressembler à ses congénères. Il vaut même mieux qu'elle ne tente pas de se cacher, car alors elle serait différente des autres, et c'est cela que les prédateurs remarquent en premier.

Il ne fait pas bon être différent

Dans une étude ancienne réalisée en Tanzanie, un chercheur avait capturé des gnous. Pour les reconnaître ensuite, il leur avait peint les cornes en blanc. Tous ont été capturés très rapidement par les carnivores. En effet, ces cornes blanches les différenciaient des autres gnous : les prédateurs les remarquaient donc et les choisissaient comme proies. Dans un troupeau, un animal avec un signe distinctif, comme une boiterie, une blessure ou une couleur différente, est repéré non pas tant parce qu'il boite ou à cause de sa couleur, mais parce que son allure ou son aspect ne sont pas les mêmes que ceux des autres. L'allure maladroite d'un nouveau-né, la démarche chancelante d'un faon ou d'un cabri en font d'excellentes proies potentielles, au-delà même du fait qu'ils ne courent pas encore très vite.

Fuir ou ne pas fuir ?

Le réflexe de fuite est parfois aussi une façon de déclencher l'attaque du chasseur. La gazelle peu sûre d'elle, qui s'énerve et commence à courir trop tôt, peut se faire poursuivre même si elle est encore un peu loin ; alors qu'une autre qui n'a pas bougé, bien que plus proche du prédateur, sera ignorée.

Préparation de l'attaque : la lionne observe le troupeau.

Si chaque prédateur possède ses armes propres pour tuer, le geste qui donne la mort peut être très précis ou au contraire beaucoup moins bien ciblé. Le coup de langue du caméléon est un exemple de précision, alors que dans les morsures du crocodile, la puissance remplace la précision.

Personne n'y a jamais assisté, mais les combats entre les cachalots (dont seule la mâchoire inférieure est équipée de dents) et les calamars géants (dont les ventouses sont armées d'un crochet) doivent être spectaculaires à plus de 1 000 m de profondeur dans les océans !

Les grenouilles sont d'habiles prédatrices d'insectes et d'autres petites proies. Elles chassent à vue grâce à leurs yeux situés sur le sommet de la tête, qui leur permettent de voir même si elles sont presque immergées. Elles capturent leurs proies à l'aide de leur langue gluante qui se détend brusquement.

Dans les savanes d'Afrique, certaines espèces d'antilopes mettent leurs petits au monde presque la même semaine. Elles essaient ainsi de les faire passer inaperçus. Chaque petit a en effet beaucoup plus de chance de survivre dans ces conditions, car il est noyé dans la masse des autres nouveau-nés.

Repérer sans être repéré

Il n'est pas très facile de voir des animaux lorsque l'on se promène. En effet, tous cherchent à passer inaperçus, qu'ils soient proies ou même prédateurs. Quelles sont les recettes de chacun pour si bien échapper aux regards ?

Le camouflage

La première règle est de rester immobile et à couvert de la végétation. Le camouflage est utile pour la protection de la proie comme pour l'affût du prédateur. Dans les herbes jaunies, un **tigre** ou un lion ne se voient pas. Le lynx se tapit dans les buissons. La fourrure de la panthère des neiges est de la même couleur que les roches grises des froides montagnes d'Asie centrale où elle vit. La peau de la vipère des sables se confond avec le sol des déserts qu'elle fréquente. Inversement, les zèbres et les gnous n'ont pas très peur du lion qui se montre : manifestement, il n'est pas en chasse.

Ensablés

Les poissons plats, comme les **soles** et les limandes, nagent au stade d'alevins*, puis passent leur vie d'adulte couchés sur le sable au fond de la mer, sur le côté droit ou gauche selon les espèces. Lorsqu'ils se couchent, l'œil qui se trouve dessous passe alors dessus ! La vive se cache de la même façon dans le sable, et gare à qui l'attaque ou met le pied dessus : son venin est très douloureux.

Le mimétisme

En quelques secondes, le **poulpe** devient sombre sur un fond sombre et clair sur un fond de sable corallien. Dans l'océan, les poissons qui vivent en pleine eau et près de la surface ont des couleurs adaptées : ventre blanc, dos noir et flancs bleus. Ils sont donc moins visibles quel que soit le côté d'où on les regarde. Cela les protège de leurs prédateurs et leur permet en même temps d'être moins repérés par les proies qu'ils convoitent.

Attention, danger !

Inversement, dans la nature, il faut se méfier des animaux très visibles et qui semblent sans défense. Ils ont souvent des armes chimiques particulièrement efficaces. Les **dendrobates** d'Amérique du Sud sont de jolies grenouillettes colorées dont la peau sécrète un venin paralysant très actif, voire mortel. Au Canada, la mouffette rayée qui se balade nonchalamment envoie un liquide puant à plus de 3 m de distance pour se défendre des intrus.

Les taches du faon, lorsqu'il est couché et immobile dans le sous-bois, le camouflent aux yeux des prédateurs. Pendant les premiers jours de sa vie, la biche le laisse, immobile, dans un fourré, et ne vient que pour l'allaiter. En grandissant il perd ses taches, mais il est alors capable de suivre sa mère.

Les araignées-crabes ou araignées thomises ont la même couleur que les fleurs sur lesquelles elles attendent les insectes dont elles se nourrissent. Même notre œil a du mal à les repérer.

Les pièges du récif

Un récif de corail peut cacher beaucoup d'espèces. Sur ce fond irrégulier, le **poisson-scorpion** et le poisson-grenouille, immobiles, sont totalement invisibles. Inversement, le poisson-feuille imite le mouvement des algues en suspension dans lesquelles il se camoufle. Le mérou s'abrite dans une cavité du récif, et la squille observe les alentours depuis l'entrée du tunnel qui la dissimule. Quant à l'hippocampe pygmée, il laisse le corail coloniser sa peau pour parfaire son camouflage.

Couleurs d'été, couleurs d'hiver

Dans les régions arctiques, le pelage du **renard polaire** est blanc l'hiver, brun l'été. Il en est de même de ses proies. Le lagopède alpin et le lièvre variable, qui vivent en montagne et également en Arctique, ont eux aussi deux mues annuelles. Proies et prédateurs ont eu la même idée !

Tout blanc

L'**ours polaire** est à peu près blanc toute l'année, tirant un peu plus sur le jaunâtre en été. C'est en hiver, sur la banquise, qu'il peut mettre sa couleur à profit pour surprendre les phoques. En été, il déambule le long des rivages en espérant y trouver un cadavre échoué.

Le mimétisme est évidemment moins efficace la nuit quand tous les chats sont gris. Aussi les chasseurs nocturnes, comme les chauves-souris, se fient-ils surtout à leur odorat et à leur ouïe (à leur sonar aussi, quand ils en sont équipés) mais non à leur vue, pour repérer les proies.*

Certains prédateurs, chez les insectes, imitent les signaux lumineux émis par diverses espèces de lucioles femelles : ils parviennent ainsi à capturer leurs mâles qui sont attirés par ces signaux.

Les serpents sont sourds, mais ils perçoivent les vibrations du sol et les mouvements. Certains ont des sens thermiques et chimiques très développés : les boas réagissent à des variations de température de quelques millièmes de degré et peuvent ainsi repérer un mammifère – animal à sang chaud – qui approche.*

Pour trouver leurs victimes, moustiques et punaises utilisent les sources de chaleur. On a ainsi vu des punaises chercher à se nourrir sur un radiateur. Ces insectes peuvent aussi repérer les émissions de gaz carbonique, c'est-à-dire la présence d'une respiration.

Incroyables sens !

« Quand une plume tombe du ciel, l'aigle la voit, le cerf l'entend et l'ours la sent » dit un proverbe. L'homme est très visuel, mais il y a pourtant bien d'autres façons de ressentir. Comment imaginer le monde chimique des insectes, odoriférant des chiens ou ultra-sonique des chauves-souris ? Les sens développés dans la nature sont étonnants…

Sonars sous-marin et aérien

Les dauphins *(ci-contre)* ont un système de repérage dans l'eau appelé sonar*. Dans le Gange, le plataniste, l'un des rares dauphins d'eau douce, vit dans une eau toujours trouble. Il est presque aveugle, mais il trouve son chemin et les petits poissons dont il se nourrit grâce à ce système.

Dans le ciel, les chauves-souris font de même la nuit. Certains papillons, qui entendent ces ultra-sons, essayent de les brouiller ou de les absorber pour ne pas leur laisser d'écho. Ils trompent ainsi les chauves-souris qui les chassent.

Œil multiple et patte sensible

Les libellules chassent efficacement les insectes. Grâce à leurs gros yeux très développés, possédant jusqu'à 10 000 facettes, peu de mouvements leur échappent. Les araignées, elles, ont huit yeux : souvent six orientés vers l'avant et deux sur le haut de la tête. Elles peuvent ainsi voir sur les côtés et même en arrière.

Le pholque, une araignée qui habite nos maisons, tisse de grandes toiles irrégulières. Ses huit pattes sont équipées de très nombreux poils ultra-fins qui décèlent les moindres déplacements d'air ou vibrations de la toile. Elles sont aussi percées à leur extrémité de minuscules trous chargés d'effectuer des analyses chimiques. Le pholque est ainsi renseigné avec précision sur la distance de la proie, sa taille et sa force.

Voir dans le noir

Les chats ont de longs poils, les vibrisses, qui leur permettent d'anticiper la rencontre avec un obstacle, proie ou prédateur. Les chouettes ont une légère dissymétrie dans les oreilles : elles peuvent ainsi localiser de nuit une souris à l'ouïe. De nombreux insectes se repèrent grâce à leurs antennes, palpes ou pattes, équipées de sensilles*. Dans le noir absolu des abysses océaniques vivent d'étranges poissons prédateurs capables, eux, de produire des lueurs pour attirer une proie ou effrayer un plus gros qu'eux.

On ne voit pas de la même façon dans l'eau et dans l'air. C'est pourquoi les gyrins, de petits coléoptères qui nagent à la surface des mares, ont les yeux divisés en deux : une partie regarde vers le haut, à l'air, et l'autre vers le bas, dans l'eau.

Les marques odorantes laissées par de nombreux carnivores sont de vraies cartes d'identité. Les animaux qui les reniflent reconnaissent leur auteur, son sexe, son état général et peut-être même quelques autres messages encore plus personnels.

Des outils mortels

En plus de leurs propres sens, les prédateurs utilisent aussi des outils parfois impressionnants, destinés à capturer, empaler, coller, piéger, embobiner... Ils les possèdent ou les fabriquent, et malheur à qui en fait les frais !

Une panoplie de tueur

Les tentacules des **pieuvres,** des méduses et des calamars sont redoutables pour attraper les proies, mais ont d'autres usages, notamment lors de la reproduction. La pince rétractile* repliée sous le menton de la larve* de libellule est également d'une impressionnante efficacité *(voir p. 71)*. On peut encore citer les griffes et les crocs, les serres et les becs, les aiguillons et les dards. Parfois, le plus étonnant est de constater qu'un même outil peut tuer ou… caresser.

Le saut de la mort

Des traces de **puma** ont été analysées dans la neige près de la capture d'un cerf en Amérique. On en a déduit que le dernier bond du félin, avec élan, approchait 12 m de long ! Les longues pattes arrière du puma expliquent cet exploit. La puissance d'attaque ainsi développée est énorme : le choc du prédateur sur la proie suffit à l'assommer, voire à la tuer en lui brisant la nuque. La panthère des neiges fait de même dans les montagnes d'Asie centrale. Les serpents sont aussi capables de belles détentes : la tête d'un boa peut frapper à 36 km/h, provoquant un effet de surprise garanti.

Un venin impitoyable

Les vipères et les **crotales** n'ont pas besoin de ramper vite pour capturer les petits rongeurs dont ils se nourrissent. Il leur suffit de réussir à les mordre. Ceux-ci iront alors mourir un peu plus loin. Avec leur langue très sensible, les reptiles suivent ensuite la piste jusqu'au cadavre, rapidement récupéré et avalé.

En flottant sur le dos, la loutre de mer utilise son abdomen comme une table. Très adroite de ses membres antérieurs, elle brise des coquillages ramassés sur le fond marin en les frappant avec force sur un galet, également pris au fond, posé à plat sur son ventre.

Très astucieux, les chimpanzés se munissent de baguettes de bois pour déloger de leurs fourmilières les fourmis dont ils sont friands.

Le piège du fourmilion

La **larve de fourmilion** creuse un entonnoir dans le sable et s'enterre au milieu, laissant juste dépasser ses mandibules* ouvertes. Elle peut ensuite attendre plusieurs jours, plusieurs mois s'il le faut, car elle a une incroyable résistance. Lorsqu'un insecte – souvent une fourmi – s'aventure au bord de l'entonnoir, les parois de sable se dérobent et il glisse peu à peu vers les mandibules qui l'attendent au fond. Plus il s'agite, plus le sable roule sous ses pattes et les parois s'effondrent. La larve de fourmilion lance des cailloux qui accélèrent la chute. Lorsque l'insecte arrive au fond du trou, la larve l'attrape, l'entraîne sous terre et le mange. Ensuite, elle jette la dépouille au loin et attend son prochain repas. À son échelle, elle est ainsi un vrai lion pour les fourmis, d'où son nom commun. Le fourmilion adulte ressemble à une libellule.

Drôles de religieuses

Les **mantes religieuses** possèdent des pattes ravisseuses dont le dernier segment se replie dans celui qui le précède, comme une lame de canif dans son manche. Ces deux segments sont de plus armés d'épines très acérées. En se détendant, ces pattes permettent de harponner la proie ; et en se repliant, elles l'emprisonnent avec une telle fermeté que la victime n'a quasiment pas de chance d'en réchapper. La mante entretient soigneusement son arme en nettoyant minutieusement chaque épine après une capture.

Le jet d'eau assassin

Dans les rivières où il vit, le **poisson-archer** repère les insectes posés sur les feuilles au-dessus de l'eau. À bonne distance, il leur projette une gerbe d'eau pour les faire tomber et les gober. D'autres poissons capturent leurs proies en ouvrant violemment la bouche pour les aspirer avec le flux d'eau créé. Les dauphins et les baleines à dents aspirent aussi beaucoup plus qu'ils ne croquent les calamars dont ils se nourrissent. On pense qu'ils font ainsi car certaines de ces espèces ont de curieuses dents en forme de défense qui les empêchent d'ouvrir grand la bouche. Mais leurs repas, qui se déroulent dans l'obscurité des océans, ne sont pas encore bien connus.

Les myxines sont des poissons sans mâchoire, proches des lamproies et ressemblant à des anguilles. Pour se nourrir, elles parasitent d'autres poissons avec leur bouche qui fonctionne comme une ventouse. En se contorsionnant, elles réussissent à leur arracher des morceaux de chair.*

Le baliste, un poisson qui vit sur les fonds rocheux, souffle un jet d'eau sur les oursins pour les retourner. Il peut ensuite les attaquer sur la face ventrale, dépourvue de piquants, grâce à ses dents très coupantes.

Avec ou sans apprentissage ?

Comment les prédateurs apprennent-ils leur "métier" de chasseur ? Est-ce inné ou doivent-ils passer par un véritable apprentissage ? L'enjeu est de taille car il n'est pas question pour eux de rater souvent leur proie : question de vie ou... de mort de faim !

DIFFICILE INITIATION

Sur les plages de l'hémisphère Sud, les **orques** femelles adultes attaquent des otaries et des éléphants de mer insouciants ou trop confiants *(voir DVD Tueurs-nés, chap. 5)*. Pour y parvenir, elles ont dû apprendre à s'échouer sur la grève, puis à se remettre à l'eau. Elles initient ensuite leurs petits, non sans risque, car il leur arrive parfois de s'échouer pour de bon en cherchant à capturer une proie. Cela peut leur être fatal, leur propre masse les empêchant de respirer. Ce savoir-faire des épaulards résulte donc vraiment d'un apprentissage. En Afrique, il en va de même pour les chimpanzés à la chasse aux colobes, les petits singes dont ils raffolent *(voir DVD Tueurs-nés, chap. 1)*. Les jeunes apprennent le repérage de la proie, la stratégie d'encerclement et la méthode de capture finale en regardant les adultes. Seuls, il n'est pas certain qu'ils y penseraient et encore moins qu'ils réussiraient.

TOUT SEULS

Les petits **phoques veaux marins** de la baie de Somme, en France, sont sevrés assez brutalement par leur mère à l'âge de 4 à 5 semaines. Ils se retrouvent alors tout seuls pour découvrir leur future vie de phoques. Les réserves de graisse, accumulées pendant leur bref mais intense allaitement, leur permettent de se familiariser avec la pêche à la crevette puis aux poissons entre la mer du Nord et la Manche. Ils ne peuvent compter que sur eux-mêmes.

En général, les vertébrés possèdent davantage de comportements acquis que les invertébrés, et les herbivores sont plus instinctifs que les prédateurs. Les petits carnivores rêvent plus que les petits herbivores ruminants, ce qui semble signifier qu'ils ont de plus grandes capacités d'apprentissage.

Dans beaucoup de groupes sociaux de mammifères et d'oiseaux, les individus les plus âgés sont surtout utiles par leur expérience. Ils savent comment réagir à une situation inhabituelle qu'eux seuls ont déjà vécue.*

Copieur !

En Australie, un petit **héron vert** a été filmé en train d'observer des enfants qui nourrissaient les canards avec du pain *(voir DVD Tueurs-nés, chap. 4)*. Il est peut-être un vrai génie dans son espèce, car ce qu'il fait semble unique chez les hérons verts et sans doute chez beaucoup d'autres oiseaux aussi ! Il a remarqué que les poissons de l'étang profitaient des miettes données aux canards. Il vient donc récupérer du pain, le place devant lui après s'être installé dans son coin, et capture tranquillement le poisson attiré par le pain. Chez les animaux, l'apprentissage par imitation est une méthode très ancienne et manifestement efficace ! Les singes la pratiquent volontiers. Une femelle de macaque japonais a appris à laver des légumes posés sur le sable d'une plage en les trempant dans l'eau de mer. Son petit l'a imitée puis, de proche en proche, la technique s'est répandue dans tout le groupe.

Le règne de l'instinct

Chez les invertébrés*, les larves qui sortent des œufs n'ont le plus souvent aucun contact avec les adultes de leur espèce. Leur comportement pour chercher une proie, la capturer et même la stocker est donc totalement instinctif. Même les méthodes les plus complexes sont innées. Les animaux sont ainsi programmés, ce qui n'empêche pas d'être admiratif devant les résultats qu'ils obtiennent. C'est ainsi que les comportements de chasse des araignées sont innés : personne ne les leur apprend. Une **lycose** qui capture un criquet n'a jamais vu d'autres lycoses le faire avant qu'elle ne commence sa vie de prédateur.

L'école de la vie

Comparés aux larves* d'insectes, les petits prédateurs oiseaux ou mammifères* peuvent sembler bien gauches. Sans le dévouement et la patience infinie d'une tigresse, d'une femelle **guépard** ou d'un couple d'aigles royaux, que seraient-ils capables de faire ? Lors de leurs premières chasses, les petits tigres, par exemple, font fuir la proie, s'affolent d'un papillon ou menacent un serpent venimeux… Leur mère les reprend à chaque fois.

Passer du lait au sang

Les jeunes **vampires** ont un moment difficile dans leur vie : celui du sevrage, quand ils doivent passer du régime lacté assuré par leur mère au régime sanguin de leur espèce. Ils s'associent d'abord à des chasses collectives. Après le vol d'approche, les chauves-souris arrivent sur les proies en marchant. Les jeunes se signalent en levant une aile, indiquant ainsi qu'il faut un peu les aider, leur apprendre et les attendre. Adultes, ils sauront chasser seuls.

Chez les singes, lorsqu'un individu invente une nouvelle technique, la diffusion du progrès est plus ou moins rapide suivant son statut dans le groupe. Si l'inventeur est un mâle dominant, tout va très vite. Si c'est un jeune ou une femelle subalterne, c'est plus long.

En Angleterre, des mésanges avaient appris à ouvrir les capsules des bouteilles de lait – déposées par le laitier, le matin, devant les maisons – pour y manger la crème. Mais depuis, le lait n'est plus livré de la sorte !

Chasser seul ou en groupe

Partir seul en chasse permet de ne rien partager, mais augmente le risque de revenir bredouille. À plusieurs, les chances de succès sont supérieures et il peut devenir possible de s'attaquer à de plus grosses proies... mais chacun demandera sa part. Alors, que vaut-il mieux faire ?

Quand les proies sont abondantes, elles peuvent être attaquées par plusieurs prédateurs en même temps. Ici, un fou (oiseau marin) plonge pour attraper une sardine, tandis que des cétacés arrivent aussi sur le banc de poissons pour se régaler.

Ensemble, rien de plus

Ce n'est pas parce que l'on voit des carnivores chasser les mêmes proies au même endroit qu'ils chassent en groupe pour autant. Les incendies de savane, par exemple, attirent quantité de prédateurs ailés venant capturer tous les insectes et petits vertébrés qui fuient devant les flammes. Chacun chasse néanmoins pour lui seul. Il se passe la même chose lors des vols de criquets pèlerins : ils représentent une manne pour nombre de prédateurs, réguliers ou occasionnels. Les bancs d'anchois ou de sardines attirent thons, dauphins et oiseaux marins. Les premiers attaquent par en bas, les autres par en haut, mais ce n'est pas une action volontairement coordonnée.

La course de relais des lycaons derrière le gnou est impressionnante et laisse peu de chance à celui-ci (voir p. 47).

Le nombre fait la force

Certains prédateurs, comme les lions, les lycaons, les loups ou les chimpanzés, chassent le plus souvent en groupe, ce qui leur permet d'attaquer des proies qu'ils ne pourraient pas tuer seuls (*voir p. 47 et DVD Tueurs-nés, chap. 1*).

Parmi les différentes espèces de mangoustes, qui vivent en Afrique et en Asie, certaines sont également sociales*, d'autres solitaires. Les sociales, comme les suricates, chassent surtout de petits invertébrés* plutôt abondants, mais trop petits pour être partagés. Chacune passe beaucoup de temps par jour pour trouver sa ration. Ces heures de chasse à découvert les exposent à leurs propres prédateurs. Heureusement, la taille du groupe multiplie les yeux et les oreilles pour détecter l'aigle ou le chacal menaçant. Inversement, la mangouste jaune recherche de petits vertébrés, plus gros et plus nourrissants. Elle passe donc moins de temps à chasser et prend ainsi moins de risque vis à vis de ses prédateurs : la vie en solitaire lui est adaptée.

Les prédateurs qui chassent des proies de grande taille nourrissent indirectement de nombreuses autres espèces : les nécrophages et les détritivores*. Il ne s'agit pas de chasses collectives, mais cette sorte d'entraide est utile dans les écosystèmes*.*

Dans les zones dégagées où il est impossible de se cacher, les proies potentielles, quelle que soit leur espèce, se regroupent volontiers. Elles compliquent ainsi le choix des prédateurs qui savent moins où donner de la tête. Cette vie en société permet aux proies de se défendre.

Chacun pour soi

Parmi les grands félins, tigres, panthères ou jaguars sont des exemples typiques de chasseurs solitaires. Une seule exception : lorsque les femelles poursuivent les proies avec leurs petits, à la fois pour les nourrir et pour leur apprendre les gestes de la chasse. Sinon c'est chacun pour soi et les captures sont jalousement gardées. Chaque individu a besoin d'un grand territoire qui puisse lui fournir les proies nécessaires pour le nourrir toute l'année. Les jeunes sevrés et émancipés doivent donc trouver une zone libre pour s'installer, ce qui n'est pas toujours facile.

Les suricates attrapent de petites proies, comme les scorpions, et ils ne partagent pas !

D'une saison à l'autre

Il est plus facile de partager quand il y a profusion de biens que lorsqu'il y en a peu. Le rythme des saisons, avec les périodes de floraison et de fructification, le mouvement des marées, des courants ou des migrations imposent aux prédateurs des alternances de moments d'abondance et de pénurie. Certaines espèces s'adaptent à ces rythmes annuels ou pluriannuels, en passant successivement de la chasse en solitaire à celle en groupe. Beaucoup de petits passereaux insectivores, comme les mésanges, chassent seuls ou en couple au printemps quand les proies sont abondantes, et sont beaucoup plus sociaux à l'automne et en hiver quand les proies se font plus rares.

EN RONDE

Dans les forêts tropicales, il n'est pas rare de voir soudain passer une ronde d'oiseaux insectivores de différentes espèces. Ils chassent ensemble, chacun profitant des méthodes des autres. Le mouvement global fait bouger les petites proies, plus faciles ainsi à repérer.

Près des côtes californiennes, une otarie poursuit une sardine. Les mâles vivent en solitaires et chassent seuls, sauf lors de la période de reproduction pendant laquelle ils sont très sociaux.

À côté des espèces toujours solitaires ou toujours en groupe, il en existe d'autres qui changent de système social selon les circonstances. Le renard roux, par exemple, est autant solitaire que social. Il n'est pas toujours facile de savoir pourquoi.

Les lions, chasseurs sociaux, sont une exception chez les félins, tous solitaires. Dans les mêmes régions et en traquant parfois les mêmes proies, ils ont développé un autre type de société. Il semble que leurs chasses collectives leur permettent de capturer plus de proies et de plus grande taille.

Le partage de la chasse

Le partage fait l'union ! Les historiens pensent en effet que, dans les temps anciens, le partage de la nourriture a permis aux hommes de fonder l'unité de leurs groupes. Certains animaux pratiquent aussi ce rituel, chacun à leur façon.

Le festin des chimpanzés

Les chimpanzés ne mangent pas seulement des fruits. Il leur arrive aussi de chasser, le plus souvent de petits singes arboricoles comme les colobes. Le plus étonnant dans leur chasse est le cérémonial qui y est associé. L'animal qui a capturé la proie est entouré par le reste du groupe. Se déroule alors un véritable partage du cadavre entre tous. Au-delà de l'apport en protéines, ces scènes de vie sociale semblent très importantes dans la vie du clan.

Scènes de partage

Lorsqu'un groupe poursuit une grande proie et la tue, chaque chasseur a de quoi se nourrir. Mais suivant les espèces, chacun ne prend pas sa part de la même manière. Dans une troupe de lions, les mâles se servent les premiers, qu'ils aient participé ou non à la chasse. Les femelles viennent ensuite, puis les jeunes sevrés, mais chacun doit aller sur le site de la mise à mort. Dans une meute de loups, les dominants se servent aussi les premiers. Cependant, s'il y a des jeunes dans une tanière, les adultes, au retour, leur régurgiteront* une partie de la viande.

Généreux vampires

Les vampires sont de petites chauves-souris américaines qui ne consomment que du sang de mammifères* ou d'oiseaux. S'ils restent plus de deux jours sans se nourrir, ils meurent. Heureusement, il existe une importante entraide chez ces animaux très communautaires. L'individu qui rentre bredouille de sa chasse sollicite son voisin de gîte plus chanceux. Ce dernier lui régurgite une partie de son repas, pourtant déjà descendu dans l'estomac. Ce geste est assez rare chez les mammifères, d'autant plus que les vampires qui le pratiquent ne sont pas nécessairement parents. Cette générosité est bénéfique pour tout le groupe : celui qui a "dépanné" un de ses congénères pourra l'être à son tour une autre nuit.

Les animaux sont plutôt égoïstes entre eux. Ceux qui partagent leur nourriture sont donc originaux et intéressants à étudier. La vie en société n'existe que s'il y a partage des proies entre les membres du groupe.

Le partage de la nourriture entre mères et jeunes permet à la femelle de faciliter la digestion de ses petits en leur faisant avaler un aliment prédigéré. Ainsi, par exemple, la viande régurgitée que les louves donnent à leurs louveteaux est facilement assimilable par eux.

Les insectes sociaux*, comme les fourmis ou les abeilles, pratiquent très souvent le partage de la nourriture. Pour cela, ils disposent d'un premier "estomac" commun à l'ensemble de la colonie : ce qui s'y trouve peut toujours être partagé. Seul le second "estomac" devient individuel.

Les divers morceaux de la proie que les chimpanzés se partagent sont appréciés différemment. Le cerveau, très recherché, est donc généralement consommé par celui qui a capturé la proie.

De bonnes provisions

Que faire pour stocker de la nourriture à la belle saison en prévision des frimas de l'hiver ? Comment se constituer un garde-manger à l'abri des appétits des autres ? Les animaux ne manquent ni d'idées ni de solutions...

À quelle heure, le dîner ?

Il existe plusieurs façons de se nourrir. Soit avaler un peu de nourriture régulièrement, soit une grosse quantité de temps en temps, soit encore en mettre beaucoup de côté et la garder pour le jour de grand-faim. À l'exception peut-être des parasites*, les prédateurs ont rarement quelque chose à se mettre sous la dent en permanence et sans avoir à chercher. Ils alternent jeûnes forcés et repas, parfois même gros repas. La panthère emporte dans les arbres le corps de proies faisant jusqu'au double du sien, pour le mettre à l'abri de tous les nécrophages* qui rôdent au sol. Le lynx dissimule sous des branches les restes du chevreuil capturé. Il reviendra s'y nourrir plusieurs jours de suite.

La panthère est suffisamment puissante pour réussir à monter l'impala capturé dans un arbre.

L'ammophile est une guêpe fouisseuse : elle capture une chenille, la paralyse et pond un œuf sur elle. La larve qui naîtra ensuite pourra ainsi consommer petit à petit la chenille vivante toujours paralysée.

Les parasitoïdes

Plusieurs espèces d'insectes sont parasites à l'état larvaire, puis deviennent libres adultes : ce sont des parasitoïdes. Leur façon de faire des provisions est particulière. Certaines guêpes, par exemple, ont un venin qui paralyse leurs proies, souvent des chenilles, mais sans les tuer. Elles les ramènent dans leur terrier (nid creusé dans le sol), et les y enferment après avoir pondu un œuf dessus. La larve* qui en sort a ainsi à disposition une réserve de viande fraîche. D'autres guêpes pondent leurs œufs dans les orifices respiratoires d'une araignée endormie. Celle-ci continue de vivre un certain temps, se nourrissant et nourrissant du même coup les larves qu'elle héberge. Quand les larves se développent, elles dévorent successivement tous les organes de leur hôte, jusqu'à sa mort. Elles se métamorphosent alors et se transforment en insectes adultes.

Même domestiqués depuis plus de 10 000 ans, les chiens continuent de vouloir enterrer les os dans le jardin, alors qu'ils ont peu à craindre de la famine. C'est un vieux réflexe gardé du temps où ils étaient encore sauvages.

La belette fait parfois des provisions de campagnols les années où ils abondent. Après capture, elle les garde dans son terrier pendant quelques jours. En hiver, leurs fourrures lui tiennent même un peu chaud dans son terrier !

Les yeux plus gros que le ventre ? La taille de cette proie capturée par une épeire va lui permettre de se nourrir pendant un certain temps. C'est une façon de faire des provisions.

Des garde-manger bien remplis

Dans un poulailler, le renard devient redoutable, car son réflexe est de tuer tant qu'il détecte un mouvement. Puis il enterre ce qu'il ne peut pas manger pour le récupérer plus tard. Son cousin le renard polaire se nourrit surtout de lemmings, mais aussi d'oiseaux, de cadavres, de baies, de mollusques et de poissons. Pour affronter l'hiver arctique, il se constitue d'importants garde-manger dans lesquels les aliments se conservent grâce au froid : on en a trouvé un qui contenait 36 petits pingouins, 4 bruants des neiges, 2 jeunes guillemots et de très nombreux œufs ! La mésange boréale stocke des graines, des araignées et des insectes, surtout au printemps et à l'automne. Elle peut ainsi cacher des centaines d'aliments par jour, ce qui représente plusieurs kilos par an ! Au fond de son terrier, la taupe capture des vers de terre grâce à ses galeries qui représentent de véritables pièges dans lesquels ils tombent. Elle les paralyse ensuite d'un coup de dents bien placé, et les accumule dans son garde-manger.

La pie grièche embroche ses proies sur des épines pour les manger ensuite.

Des provisions dans son corps

Certaines espèces ont mis au point une méthode astucieuse pour passer l'hiver avec des provisions. Elles mangent beaucoup à l'automne, accumulent des matières grasses et s'endorment jusqu'au printemps : c'est l'hibernation. Plus classique chez les herbivores que chez les prédateurs, ce phénomène existe néanmoins chez l'ours brun, le hérisson et les chauves-souris.

Chez les hibernants, comme ce grand murin, les réserves sont faites sous forme de graisse.

Certains insectes, comme quelques papillons ou les éphémères, ne se nourrissent qu'au stade larvaire, et consacrent leur vie d'adulte à la reproduction au point de ne plus avoir de bouche ! Ils passent donc leur vie larvaire à faire des provisions pour une courte vie d'adulte.

Avant l'hibernation, les hibernants passent par une phase d'hyperphagie, c'est-à-dire de gros appétit. C'est ce qui leur permet de faire des réserves de graisse pour la mauvaise saison et de gagner du poids avant l'hiver.

Facile d'être prédateur ?

L'image que l'on a des prédateurs est souvent faussée.
Est-il si évident de capturer une gazelle quand on est un lion,
ou d'attraper un têtard lorsque l'on est une larve* de libellule ?
Et comment faire face aux chapardeurs
et aux mauvaises saisons ?

Un sur dix ?

Dans une étude sur le loup en Amérique du Nord, un biologiste a calculé que la meute qu'il suivait ne parvenait à capturer qu'un seul élan sur dix débusqués. Un rendement loin d'être excellent ! Le scientifique explique également qu'il est difficile de comprendre pourquoi la chasse réussit parfois et pourquoi elle rate souvent. Pour chaque chasse observée et couronnée de succès, il doit y en avoir beaucoup de manquées, mais qui, elles, ne sont vues par personne... Ce qui est vrai pour les loups l'est aussi pour nombre d'autres prédateurs.

Aussi bon chasseur qu'il soit, le crocodile n'est pas à l'abri de manquer son coup.

Espèces	Tigre	Loup	Lion	Léopard	Guépard
Nombre de chasses réussies sur 20 réalisées	1	2	3 (chasse solitaire) à 8 (en clan)	5	10

Un phacochère adulte qui protège son jeune peut faire reculer un guépard.

PIRATES AÉRIENS

Les frégates sont des oiseaux marins élégants, mais qui ne peuvent pas mouiller leur plumage, ce qui est handicapant quand on se nourrit de poissons ! Leur méthode de chasse est simple : elles attaquent les pélicans et les fous (des oiseaux marins) à leur retour de pêche, et sont capables de leur faire recracher leur poisson en plein vol, puis de le récupérer avant qu'il ne tombe dans l'eau. Leur technique, acrobatique, est spectaculaire !

Les fous sont capables de piquer de plusieurs dizaines de mètres de haut sur des poissons qu'ils ont repérés dans l'océan. Le pélican brun d'Amérique pêche aussi en piqué mais de moins haut. Parfois, un petit oiseau de mer, une sterne ou un noddi, vient lui chaparder un poisson qui sort de son bec.

Quand les antilopes mettent bas, les petits carnivores et les nécrophages des alentours profitent de leurs placentas* plus que des nouveau-nés. C'est très nourrissant, facile à ramasser et sans danger. Cette saison-là est donc une aubaine pour eux.*

Autour d'un cadavre, la concurrence est vive entre hyènes et lions !

Garder son bien

Un autre souci, quand la chasse a été fructueuse, est d'en conserver le bénéfice. Lorsqu'il y a de la concurrence, ce n'est pas toujours simple ! En Afrique, les affrontements entre troupes de lions et clans de hyènes tachetées sont spectaculaires, car les premiers volent autant leurs proies aux secondes que l'inverse. Mais il faut beaucoup de hyènes pour faire reculer quelques lions, alors que deux ou trois lions peuvent résister à de nombreuses hyènes. Les guépards, eux, ont trouvé la solution : ils chassent en pleine journée, pendant que lions et hyènes font la sieste. Sinon, ils se font facilement voler leur déjeuner.

Ce chat des sables a capturé une gerboise. Il se fait maintenant discret pour protéger et garder sa proie.

Viande fraîche et moins fraîche

Tant qu'il reste à manger sur la carcasse de l'antilope qu'elle a tuée, la panthère y revient. Elle peut ainsi se nourrir plusieurs jours de suite sur un seul animal, même si, à la fin, la viande n'est plus très fraîche. Au contraire, le guépard chasse une nouvelle proie à chaque repas. Comme il attaque des animaux plutôt plus petits que ceux tués par la panthère, il ne laisse que peu de restes, vite avalés ensuite par les chacals et les vautours.

Le jeûne

En cas de disette, il reste une solution : jeûner. Les invertébrés* ont des capacités de jeûne bien supérieures à celles des vertébrés, surtout des vertébrés à sang chaud (mammifères* et oiseaux), car ils dépensent nettement moins d'énergie. Quelques prédateurs pratiquent cette alternance entre bombance et disette forcée. Certains énormes crocodiles de la rivière Mara, entre la Tanzanie et le Kenya, ne mangent peut-être qu'une ou deux fois par an, lors du passage des gnous en migration. De leur côté, les baleines à fanons se nourrissent dans les riches eaux de l'Arctique ou de l'Antarctique pendant l'été, et jeûnent pratiquement le reste de l'année quand elles se rapprochent des tropiques pour se reproduire et mettre leurs baleineaux au monde.

Dans l'Arctique, l'ours polaire ne mange pas tous les jours à sa faim. L'été, surtout, quand la banquise fond, il jeûne souvent et puise dans les réserves de graisse accumulées dans son corps au printemps.

Le faucon d'Eléonore niche sur les côtes d'Afrique du Nord pendant l'été et l'automne. Il nourrit sa nichée des petits passereaux épuisés qui viennent de traverser la Méditerranée.

Les hibernants comme les hérissons, les ours bruns, les ours noirs ou les chiens viverrins pratiquent une sorte de jeûne. Pendant l'hiver, leur température interne baisse et ils vivent sur leurs réserves de graisse accumulées pendant l'automne.

Les martinets et les hirondelles appartiennent à deux groupes d'oiseaux différents. Les martinets sont proches des colibris, et les hirondelles des moineaux. Tous deux sont des chasseurs de plancton aérien et se ressemblent beaucoup, même si les martinets volent encore mieux que les hirondelles.*

Les vautours d'Amérique, comme les urubus et les condors, sont des cousins des cigognes... alors que les vautours européens sont des rapaces. Ils se ressemblent pourtant beaucoup et ont longtemps été considérés comme proches parents.

Étonnantes convergences

Les biologistes ont découvert depuis longtemps que des animaux sans aucune parenté, ou habitant des régions très éloignées, se ressemblaient parfois comme des frères. Soumis à un même type de milieu, ils ont pris au cours de leur évolution des formes quasi identiques. Trompeuse ressemblance !

Dents de sabre

Au cours des temps géologiques, au moins trois groupes de mammifères* à régime carnivore ont possédé les mêmes armes : de très longues canines en forme de sabre. Il y a eu les tigres à dents de sabre – proches des félins actuels –, les nimravidés – qui leur ressemblent mais ne sont pas de la même famille –, et un marsupial* appelé *Thylacosmilus*. Ils sont apparus il y a 30 à 40 millions d'années. On ne sait malheureusement pas comment ils utilisaient ces dents. Certains pensent qu'elles étaient fragiles et ne servaient qu'à découper des cadavres ; d'autres supposent que ces animaux attaquaient leurs proies par en dessous, dans le ventre, pour atteindre les organes vitaux. Ces dents, toutes encombrantes qu'elles nous paraissent, devaient tout de même leur servir à quelque chose !

Doigt extracteur

Il existe un lémurien extraordinaire à Madagascar : l'aye-aye *(photos ci-contre)*. De la taille d'un chat, il a le pelage hirsute, de grandes oreilles et les incisives coupantes comme des biseaux. Il se balade la nuit dans les arbres à l'écoute des grosses larves* de coléoptères qui vivent dans le bois mort. Quand il en repère une à l'ouïe, il ronge la branche de ses dents, puis grâce à son majeur particulièrement long et fin, il extirpe la larve du tunnel dans lequel elle habite. À des milliers de kilomètres de là, on a découvert un marsupial en Nouvelle-Guinée, appelé triok à longs doigts (*timbre ci-contre*), qui fait exactement la même chose, mais avec le quatrième doigt de ses pattes antérieures.

La squille, une sorte de crevette, et la mante religieuse, un insecte, possèdent des pattes ravisseuses très comparables (voir p. 29). Celles-ci leur permettent de venir à bout de proies volumineuses capables de se défendre, comme les poulpes pour la première, les bourdons et les gros criquets pour la seconde.

Le yapok est un opossum d'Amérique – un marsupial – qui ressemble à une petite loutre et qui chasse dans l'eau. Le potamogale ressemble aussi à la loutre, mais lui est une grosse musaraigne aquatique d'Afrique. L'habit ne fait pas toujours le moine !

Vive les charognards !

Vautours et hyènes n'ont pas bonne réputation. Il s'agit pourtant d'animaux très intéressants et absolument indispensables pour le nettoyage de la nature. Petite tentative de réhabilitation des charognards...

Les hyènes tachetées sont à la fois des prédateurs et de célèbres charognards.

Heureusement qu'ils sont là

Tous les êtres vivants meurent un jour... En patrouillant régulièrement un territoire, il est donc possible de tomber sur le cadavre d'un animal mort de maladie ou d'accident, ou sur les restes du repas d'un prédateur. Pourquoi ne pas en profiter ? Mieux vaut alors ne pas craindre certains goûts, certaines odeurs ni certains risques de maladies. C'est le cas des nécrophages*, depuis les vautours et les hyènes jusqu'aux scarabées. Bien que leur travail nous répugne souvent, il est vraiment étonnant, efficace et utile.

La concurrence est rude entre "éboueurs" : le chacal à dos noir écarte le vautour.

Certaines civilisations abandonnaient volontairement les cadavres humains aux vautours. Au Moyen-Orient, les tours du silence des zoroastriens servaient à cela. Pour eux, en effet, le corps des défunts ne pouvait être enterré : considéré comme impur, il aurait souillé la terre nourricière.

Les gypaètes barbus ne se nourrissent pas seulement de charognes. Ils s'emparent aussi de tortues qu'ils laissent tomber sur des pierres pour les casser et les manger. Eschyle, le poète grec de l'Antiquité, aurait été tué par une tortue lâchée par un gypaète !

Au voleur !

Pendant longtemps, le biologiste Hans Kruuk s'est demandé pourquoi les hyènes tachetées semblaient si énervées le matin, lorsqu'elles rôdaient autour des lions mangeant une carcasse de gnou ou de zèbre fraîchement tués. Il s'est décidé à suivre les hyènes la nuit, dans le parc du Ngorongoro en Tanzanie. Il a ainsi découvert qu'en réalité c'étaient elles qui chassaient et tuaient les herbivores. Malheureusement, elles le font toujours trop bruyamment. Alertés, les lions accourent et leur volent leur nourriture sans vergogne. Les charognards ne sont pas toujours ceux que l'on pense !

QUAND LE LOUP AIDE LE RENARD

Dans le parc national de Yellowstone, aux États-Unis, on a découvert que les loups permettent à d'autres carnivores de se nourrir. En effet, pour s'alimenter, ils éventrent les cadavres des wapitis ou des bisons congelés par le froid. Ils aident ainsi les petits prédateurs, comme le renard, dont les mâchoires ne sont pas assez puissantes pour le faire. Non seulement le loup laisse des restes dont ces petits animaux, volontiers nécrophages en hiver, peuvent se nourrir, mais en plus il leur rend ces restes accessibles.

Chacun son tour !

Quatre espèces de vautours vivent dans les Pyrénées. Lorsqu'ils trouvent le cadavre d'un animal, ils s'en délectent dans un ordre très précis. Les premiers à venir sont les petits percnoptères d'Égypte. Suivent les grands vautours fauves, assez communs, et les vautours moines, plus rares. Tout va alors très vite : en un quart d'heure, il ne reste que les os. C'est enfin au tour du magnifique gypaète barbu d'arriver. Il est capable de digérer la matière organique contenue dans les os. Si ceux-ci sont trop gros, il les prend dans ses serres et les laisse tomber sur des pierres pour les casser en plus petits morceaux. Rien n'est perdu !

Oasis de vie dans les abysses

En mer, lorsque les animaux meurent, leur cadavre tombe au fond des océans. Les corps des baleines deviennent ainsi de véritables oasis de vie pour toute une faune des abysses extrêmement particulière, adaptée à errer au gré des courants jusqu'à "tomber" sur un cadavre de baleine. Mais la réduction importante des effectifs des grandes espèces de cétacés, à cause de la pêche excessive dont elles ont été victimes, menace probablement une partie de cette faune.

Dans les océans, les crabes sont de bons nettoyeurs.

Les guêpes sont à la fois prédatrices et nécrophages. Celle-ci se nourrit d'une libellule trouvée morte.

Des insectes fossoyeurs

Les scarabées nécrophores, presque tous noir et orange, et souvent rencontrés par couples, enterrent les petits cadavres de rongeurs et d'oiseaux qu'ils ont repérés grâce à leur odorat. Puis ils pondent leurs œufs à côté : les adultes, comme les larves* qui naîtront, peuvent alors se nourrir... sur place ! C'est ainsi que des vautours aux scarabées, les nécrophages nettoient la planète et recyclent les déchets.

Le long cou nu du vautour lui permet de manger à l'intérieur du cadavre sans trop se salir. Ces oiseaux semblent relativement résistants aux germes de la putréfaction des charognes dont ils se nourrissent.

Sur un cadavre, les insectes nécrophages se succèdent toujours dans le même ordre. Les médecins légistes peuvent ainsi déterminer la date probable de décès d'un homme, en identifiant les insectes et en notant leur stade de développement.

Les grands félins

Guépards, tigres, lions et panthères sont parents, certes, mais pas nécessairement amis. Car ces grands prédateurs, solitaires à l'exception des lions, n'aiment pas la concurrence. La cohabitation n'en est que plus difficile !

Le guépard, recordman du 100 m

Champion du sprint, le guépard est adapté aux grands espaces et même aux déserts. Il subsiste en Afrique tropicale, dans certaines régions isolées du Sahara et dans le désert iranien. Il se nourrit de petites antilopes, de gazelles et de lièvres. Si la femelle vit toujours seule, il arrive que des frères passent toute leur existence ensemble. Lorsque le guépard chasse, son approche est discrète mais pas cachée, son regard reste fixé sur la proie. C'est souvent la fuite de la gazelle qui déclenche l'attaque. La souplesse de sa colonne vertébrale permet au félin de rattraper sa victime en quelques bonds. Tout est dans l'accélération finale, car ce champion de vitesse, qui peut atteindre les 110 km/h, se fatigue vite. Aussi abandonne-t-il sa course en cas d'échec au-delà des premières centaines de mètres (*voir DVD Les grands prédateurs, chap. 1*).

Le tigre, le plus grand

Le tigre se rencontrait de la mer Caspienne à l'océan Pacifique il y a encore quelques décennies. Il supporte l'hiver et la neige de la taïga comme la chaleur des jungles indiennes. Les mâles sibériens sont les plus grands félins actuels. Chasseur solitaire de cerfs et de sangliers (mais aussi de toutes les espèces des forêts asiatiques, singes et paons compris), le tigre est partout menacé de disparition. Là où il survit, il chasse à l'affût, approchant pas à pas la proie repérée dans le sous-bois, jusqu'à quelques mètres de distance. Il attaque ensuite en quelques bonds puissants et rapides. Il chasse également près des étangs où les cerfs viennent boire, n'hésitant pas à les poursuivre dans l'eau.

Chez les grands félins, la mise à mort se fait par strangulation ou en brisant les vertèbres cervicales. Les petits félins, comme le chat forestier européen, tuent leurs proies (campagnols, mulots, oiseaux...) en les mordant à la nuque.

Le puma, malgré sa taille, est souvent classé parmi les petits félins. On le trouve en Amérique, de l'Alaska à la Terre de Feu. C'est l'un des rares félins dont la robe soit unie. Il recherche surtout les cerfs, mais se nourrit aussi de lièvres, de rongeurs et de presque tous les animaux sauvages rencontrés.

Panthère ou léopard ?

La panthère aime bien se cacher. Elle le fait déjà sous deux noms différents, panthère et léopard, qui sont synonymes. Cette discrétion fait qu'on la voit rarement. Pourtant, on la trouve encore du sud de l'Afrique au nord de la Corée, en passant par le Caucase, l'Iran et presque toute l'Asie. Et elle est le seul grand félin présent au cœur des forêts équatoriales d'Afrique. Petites antilopes, singes et oiseaux sont à son menu. La chasse de la panthère ressemble un peu à celle du tigre : lorsqu'elle a repéré une proie, elle s'en approche pas à pas pour parvenir à la bonne distance d'attaque. Son bond final est rapide et puissant.

COHABITATION ARMÉE

Certains grands espaces d'Afrique abritent encore des lions, des panthères et des guépards. Au début du XXe siècle, ils cohabitaient aussi en Inde avec le tigre, mais le lion n'y subsiste plus que dans une seule forêt et le guépard y a été exterminé. Ces prédateurs peuvent vivre dans les mêmes régions si l'espace est vaste, les proies en nombre suffisant et si chacun y trouve les particularités dont il a besoin.

Le lion, roi des animaux ?

Les lions ont disparu d'Afrique du Nord. En Asie, ils ne survivent que dans la forêt indienne de Gir. Seuls félins vraiment sociaux*, ils ont une manière de vivre étonnante. Dans une tribu, les mâles sont parents entre eux et les femelles entre elles, mais mâles et femelles ne sont pas parents. Les mâles chassent uniquement quand les femelles mettent leurs lionceaux au monde, puis ce sont elles qui prennent le relais. Autour d'un point d'eau, leurs manœuvres d'encerclement sont impressionnantes. Parmi les grands félins, les lionnes sont d'ailleurs les seules à agir de la sorte. Impalas ou zèbres en font souvent les frais. La lionne qui déclenche l'attaque pousse parfois la future victime vers une autre femelle encore embusquée. Juste après la mise à mort, les mâles arrivent et se servent les premiers.

La panthère nébuleuse est un animal menacé et encore mal connu des forêts d'Asie tropicale. Sa fourrure semble marquée de nuages. Très agile, elle chasse autant sur terre que dans les arbres. Les canines du mâle sont, en proportion, les plus longues de tous les félins.

Le jaguar est un proche parent de la panthère. Il est néanmoins plus massif, et les grandes rosettes de sa fourrure ont un point noir central. On le trouve du sud des États-Unis au nord de l'Argentine. Il chasse cerfs, tapirs, tortues, serpents et caïmans, qu'il tue en les mordant à la tête.

Après la poursuite, cette meute de loups se partage le cerf tué.

Le chien des buissons, assez court sur pattes, vit dans les forêts et les régions marécageuses d'Amérique du Sud. Très social, il chasse en meute de petits cerfs et de gros rongeurs. Cette espèce est très mal connue.

L'Afrique est le pays des chacals, plusieurs espèces y coexistent. Ils vivent surtout la nuit et sont à la fois prédateurs et charognards. Le chacal doré est omnivore : il se nourrit de serpents, d'oiseaux, d'insectes, de petits mammifères... mais aussi de fruits.*

Le loup et ses cousins

Le loup, si présent dans nos légendes, ne laisse personne indifférent. Ses cousins canidés des savanes d'Afrique et des jungles d'Asie se révèlent être aussi de grands chasseurs fascinants. Parmi eux, le lycaon et le dhole sont les plus étonnants.

Les loups

Bien que pourchassés depuis des siècles, les loups habitent encore une grande partie de l'hémisphère Nord. Ils chassent les gazelles dans le désert, les cerfs dans les forêts tempérées, les caribous tout au nord, les chamois et les mouflons dans les montagnes. Il leur arrive même de faire les poubelles pour ne pas mourir de faim. Les loups vivent parfois en couple, sinon en meute. Pour chasser, ils organisent une poursuite après avoir repéré une proie, souvent jeune, malade ou âgée. Si le meneur se fatigue, un autre prend le relais, et ainsi de suite. Le loup est un modèle de prédateur social*, opportuniste*, adaptable et assez malin.

Les lycaons

Leurs poursuites des herbivores à travers les savanes et leurs spectaculaires mises à mort sont impressionnantes. Avec une technique rodée et efficace, la meute choisit silencieusement sa victime (gazelle, antilope...), puis l'attaque pour l'isoler de son troupeau. L'animal, affolé, court en cercle jusqu'à ce qu'il tombe, épuisé. Les lycaons se ruent alors sur lui et le mettent en pièces. Nomades, ils sont aussi les plus sociaux des canidés. Pendant l'élevage des jeunes, des adultes partent chasser et d'autres gardent les petits. Au retour, les chasseurs régurgitent* la viande pour ceux qui sont restés. Tout est partagé : un morceau de viande doit même visiter l'estomac de plusieurs individus avant d'être définitivement englouti et digéré !

Les dholes

Ces canidés des jungles asiatiques sont encore mal connus. On les appelle loups siffleurs car leur cri de ralliement ressemble plus à un sifflement qu'à un hurlement ou un aboiement. Bien que plus petits que les loups et les lycaons, ils donnent une impression de puissance et de légèreté quand ils se déplacent. Chassant en meute, ils s'attaquent à des proies plus grosses qu'eux, comme le cerf sambar ou le sanglier. On connaît surtout d'eux leurs cris et les restes de leurs repas. Les observations directes sont exceptionnelles car ces animaux discrets, qui deviennent rares, vivent plutôt la nuit et habitent les milieux fermés des forêts tropicales.

Les renards, répartis en plusieurs espèces, vivent sur toute la planète, des déserts aux pôles en passant par les montagnes, les forêts et les plaines. Roux, gris, noirs, crème ou blancs, ils sont discrets et rusés. La plupart se nourrissent de petits mammifères et d'insectes, mais certains sont en partie végétariens.

Le coyote ressemble beaucoup au loup, en plus petit. Il habite presque toute l'Amérique du Nord où il se nourrit de lièvres, de lapins, de rongeurs et aussi de charognes. Il vit et chasse en famille là où les proies abondent, et en solitaire là où elles sont rares.

Le coup de patte des ours

Les ours ne sont pas tous complètement carnassiers*, mais ils comptent parmi eux le plus grand carnivore terrestre actuel : l'ours polaire. Pour se nourrir, les ours sont avant tout opportunistes* : ils chassent des proies faciles et changent leur régime en fonction du lieu et de la saison.

Au bord de la banquise, l'ours blanc attend un phoque.

Chasseur de phoques en Arctique

Rien ne pousse sur la banquise, mais l'eau en dessous est riche en plancton*, en poissons et en mangeurs de poissons. Les phoques marbrés et ceux du Groenland en profitent... et l'ours blanc profite d'eux ! Il ne peut cependant le faire que lorsque la banquise se reforme après l'été arctique. Sa stratégie de chasse dépend des conditions de vent, de lumière et de déplacement des glaces. Il chasse à l'approche en rampant, en nageant sous l'eau, ou en attendant près des trous de respiration des phoques. Dès que la proie est à sa portée, il la tue d'un coup de patte. S'il se nourrit abondamment l'hiver, il jeûne en revanche l'été, ou doit se contenter de plantes et de petits animaux. Un cadavre de baleine échoué sur une grève est alors une aubaine pour lui. Comme son odorat est excellent, il le repère à près de 30 km de distance.

Un ours amateur de fourmis

En Inde et au Sri Lanka existe un curieux ours, noir avec un collier clair, au pelage hirsute et doté d'un long museau. C'est l'ours lippu, grand mangeur de fourmis et de termites, protégé des morsures et des piqûres de ses victimes grâce à son épaisse toison. Il déambule la nuit dans les forêts à leur recherche, repérant leur présence grâce à son odorat. Les longues griffes de ses pattes antérieures lui servent de pelle et de bêche pour percer les parois des fourmilières et des termitières. Ensuite, il n'a plus qu'à aspirer les insectes. Il ne détruit pas toujours complètement les lieux : il peut ainsi y retourner et trouver à nouveau à manger, les insectes reconstituant leurs effectifs entre-temps.

Prédateur terrestre, l'ours est aussi un bon nageur. On l'a vu à des kilomètres de tout rivage. Il se nourrit parfois de poissons.

Le grand panda de Chine est un ours très particulier. Classé dans l'ordre des carnivores, il mange cependant exclusivement des bambous, avec de rares exceptions pour des cadavres, des petits rongeurs ou quelques invertébrés.*

L'ours à lunettes est le seul ours sud-américain. Il habite les forêts andines où il complète son régime végétarien avec quelques rongeurs et oiseaux. Il est l'un des ours les plus menacés de la planète.

Depuis la berge ou perchés sur un rocher au milieu des chutes d'eau, les plus grands grizzlis pêchent les saumons qui remontent des rivières.

Les ours bruns aiment le sucre ! Cette femelle fouille ainsi la ruche d'un apiculteur pour se régaler de miel.

La pêche aux saumons

De juin à septembre, les saumons du Pacifique quittent l'océan pour remonter les rapides des rivières du Canada ou de l'Alaska, et retrouver le ruisseau d'eau fraîche et douce où ils sont nés. C'est là que les ours bruns et noirs les attendent, chacun à son poste de pêche, perché sur un rocher ou immergé dans l'eau jusqu'aux épaules. Ils peuvent avaler jusqu'à 25 kg de poisson par jour. Les plus gros ours bruns de la planète sont ceux qui disposent régulièrement de saumons à leur menu, comme ceux du Kamtchatka, à l'est de la Sibérie, et du nord-ouest de l'Amérique du Nord.

Des menus très variés

Les autres ours consomment moins de protéines animales. Les ours bruns et noirs sont essentiellement végétariens, avalant herbes, baies, fruits et racines selon les saisons. Les ruches, sauvages ou non, les tentent aussi : ils s'y régalent autant de miel que de larves* d'abeilles. Leur grosse fourrure les protège en partie des piqûres. Les ours profitent également de diverses espèces d'insectes, de petits mammifères*, de cadavres d'animaux. On a vu des grizzlis (ours bruns d'Amérique) chasser le caribou, ou d'autres creuser des volumes de terre impressionnants pour déterrer et croquer une marmotte ou un écureuil terrestre. Le travail semble hors de proportion avec la récompense !

L'ours du Gobi, qui habite le désert du même nom, en Mongolie, est un ours brun en voie d'extinction. Il est le seul ours au monde à vivre dans le désert. Il est particulièrement mal connu : on ne sait même pas de quoi il se nourrit.

L'ours noir américain, appelé baribal, habite toute l'Amérique du Nord. Il cohabite à certains endroits avec l'ours brun (grizzli), mais il vit plus dans les forêts que ce dernier. Son régime est encore moins carnivore. Cet ours est en général... noir, mais il peut être aussi brun, roux ou presque blanc.

Fascinants rapaces

Les rapaces fascinent les hommes depuis longtemps. Leurs prouesses aériennes sont en effet spectaculaires, la fierté de leur regard ne laisse pas indifférent et leurs talents de chasseur forcent l'admiration.

L'aigle royal, ennemi des marmottes

Contrairement à la légende, l'aigle royal ne peut pas enlever un mouton dans les airs. Une marmotte est déjà une bonne charge pour lui. C'est pour cela qu'il installe son nid sur une falaise au-dessous de son terrain de chasse. Lorsqu'il a capturé une proie, il n'a qu'à descendre en planant, sa victime dans les serres. Si les marmottes scrutent si souvent le ciel, c'est à cause de lui. Pour essayer de les surprendre, l'aigle vole en rasant la montagne, se cachant dans les creux et les bosses du relief. En hiver, il capture des lièvres ou se contente des cadavres de chamois emportés par les avalanches.

Éperviers et autours se ressemblent un peu, mais l'autour est plus grand. Leurs ailes courtes et arrondies en font des acrobates quand ils poursuivent des oiseaux en forêt. Les éperviers chassent de petits oiseaux, les autours capturent des pigeons.

Les fauconniers utilisent depuis longtemps les capacités exceptionnelles des faucons, mais aussi des autours et des aigles, pour leur faire chasser outardes, lièvres ou renards. On peut aussi apprendre à ces rapaces à attaquer des proies inhabituelles.

Les aigles pêcheurs

Le balbuzard et les pygargues sont des aigles pêcheurs, équipés d'un bec très fort et de serres puissantes conçues pour retenir des proies glissantes. Le balbuzard, plus petit, est répandu dans le monde entier. Près des côtes ou en eau douce, il vole sur place quelques mètres au-dessus de l'eau et plonge sur le poisson repéré. Les pygargues, eux, sont différents d'un continent à l'autre. Ce sont de gros aigles, souvent bicolores, brun et blanc. L'emblème des États-Unis, le pygargue américain, est surnommé "aigle chauve" car de loin sa tête paraît dénudée à cause de ses plumes blanches. Pêcheurs mais aussi nécrophages, les pygargues suivent les canards migrateurs à la recherche de blessés plus faciles à capturer. Ceux d'Amérique, d'Europe et d'Asie sont également migrateurs, contrairement à ceux d'Afrique.

Le piqué des faucons

Le faucon pèlerin est l'un des plus connus de sa famille, car on le trouve sur les cinq continents. Il se nourrit d'autres oiseaux, capturés en plein vol. Quand il chasse, il vole assez haut au-dessus des pigeons ou des étourneaux qu'il convoite. Il profite des nuages pour se cacher, ou se met devant le soleil pour ne pas être vu. Il choisit sa trajectoire, replie ses ailes et tombe à plus de 200 km/h sur sa victime, le plus souvent tuée sur le coup. Il est capable, au moment de l'impact, de se redresser et de prendre sa proie dans ses serres. Il va ensuite la consommer au calme. Pour réussir ces exploits, le faucon dispose d'une anatomie adaptée, d'un corps musclé et d'un coup d'œil infaillible. L'ouverture de ses narines est telle, que l'air ne s'y engouffre pas trop fort pendant les piqués. Quant à son œil, il est exceptionnel : il voit mieux qu'un homme avec des jumelles !

Le travail de l'aile, lorsque l'aigle se prépare à attaquer, est bien visible ici (voir DVD Les grands prédateurs, chap. 3).

Le vol léger des busards

Le busard des roseaux et le busard Saint-Martin sont des rapaces européens beaux et légers. Ils glissent au-dessus des étangs ou des prairies à la recherche d'une alouette ou d'un campagnol. Ils utilisent le moindre relief pour profiter d'une ascendance d'air et planer sans presque jamais battre des ailes. Lors de la parade nuptiale, le mâle vole au-dessus du nid avec une petite proie dans les pattes. Il appelle la femelle qui monte le rejoindre et qui se retourne sur le dos pour cueillir dans les airs le campagnol qu'il lâche au-dessus de ses serres. Ce passage de proie est typique des busards.

Lors de son attaque, l'aigle royal tend ses serres pour capturer la proie.

Les rapaces nocturnes possèdent des capacités auditives très développées. Le grand duc d'Europe, au vol silencieux, se nourrit de petits mammifères, d'oiseaux et de reptiles, et peut chasser des animaux aussi gros qu'un lièvre. Les chouettes poursuivent surtout les petits rongeurs.*

L'un des rapaces les plus communs de nos campagnes est la buse variable. Elle chasse surtout les campagnols en se tenant à l'affût sur un arbre ou en planant lentement. Elle les poursuit aussi à pied sur de courtes distances à travers prairies et labours.

Sous la dent des reptiles

Les premiers crocodiles ont côtoyé les dinosaures il y a des centaines de millions d'années. Impressionnants par leurs capacités d'adaptation, ils le sont tout autant par la puissance de leurs mâchoires. À côté d'eux, les serpents constricteurs représentent un autre groupe étonnant de reptiles, tout aussi efficaces dans leurs attaques.

L'attaque du crocodile du Nil est fulgurante : une seconde avant de saisir sa proie, il est encore invisible !

Tous les crocodiles, à l'image de cet alligator, glissent silencieusement dans l'eau à la recherche de leurs proies.

Le crocodile du Nil

C'est l'un des plus grands et des plus lourds reptiles : il peut atteindre près de 5 m pour 500 kg. Il est présent en Afrique tropicale dans les fleuves, les marais, les rivières, les lacs et parfois en bord de mer. Les jeunes se nourrissent surtout d'insectes et de batraciens* qu'ils pourchassent activement. À partir de 1 an, ils ont une préférence pour les poissons. Ils chassent encore mais se déplacent moins. Vieux, après 40-50 ans, ils sont très indolents et restent à l'affût, camouflés, immobiles. Ils s'attaquent alors surtout aux mammifères* *(voir DVD Les grands prédateurs, chap. 2)*. Si la proie est petite, elle est avalée aussitôt après avoir été emportée dans l'eau. Si elle est plus grosse, elle est noyée puis mise à faisander dans un trou immergé de la rive, pour que la chair ramollisse.

ÉQUIPÉ DE PIED EN CAP

Le crocodile est bien équipé pour la vie amphibie. Ses pattes sont palmées, surtout à l'arrière, et terminées par des griffes. Seuls son museau et ses yeux affleurent lorsqu'il émerge. Il peut demeurer gueule ouverte sous l'eau, tout en continuant de respirer par les narines émergées. Lorsqu'il plonge, celles-ci sont fermées par deux valves. Il voit sous l'eau les yeux clos car une deuxième paupière, transparente, protège sa cornée.

Tous les serpents sont des prédateurs. Certains, comme les cobras indiens, se sont même spécialisés dans la capture d'autres serpents, y compris venimeux. Les mambas africains poursuivent plutôt des petits mammifères et des oiseaux.

De nombreux serpents ont des crochets venimeux, telles les vipères et quelques couleuvres. Chez ces dernières, ils se situent au fond de la gorge et ne sont donc utilisés que lorsque la proie est avalée. Les venins de serpent sont d'une grande diversité, tout comme leurs modes d'action.

Alligator, gavial et caïman

L'alligator du Mississippi, au large museau, peut devenir presque aussi gros que le crocodile du Nil, mais il mange essentiellement des poissons. Le gavial du Gange, quant à lui, possède un museau extrêmement fin, hérissé de petites dents bien utiles pour capturer les poissons. Le mâle est reconnaissable par sa curieuse excroissance sur les narines. Le caïman, de taille moyenne, habite les eaux douces et marécageuses d'Amérique tropicale. Il chasse, surtout la nuit, des poissons, des petits mammifères, des tortues et des oiseaux.

Caïman à lunettes avalant un poisson-chat au Venezuela.

Des constricteurs étouffants

Certains serpents deviennent énormes, tels le python molure, l'anaconda ou le boa constricteur. Ce dernier, qui dépasse 200 kg pour 4 à 5 m, vit dans les forêts tropicales d'Amérique et chasse la nuit, posté dans un arbre. Jeune, il attrape de petits rongeurs ; adulte, il préfère des mammifères plus gros. Ses mâchoires très puissantes sont munies de dents en crochet non venimeuses. Il enroule ses anneaux autour de sa proie pour l'étouffer, sauf les grenouilles et les crapauds qu'il engloutit vivants. Le boa attaque souvent des animaux plus gros que lui et les avale tout entiers : son œsophage se déplisse et des enzymes* puissantes lui permettent de tout digérer (poils, griffes, dents). Comme la digestion est très longue, il se nourrit rarement.

ÉQUIPEMENTS SPÉCIAUX

Les serpents possèdent tous un organe particulier et très performant : l'organe de Jacobson, situé dans leur palais. Il analyse toutes les odeurs et les goûts captés par leur langue bifide et fourchue. C'est pourquoi les serpents sortent et rentrent sans arrêt leur langue pour goûter l'air ambiant. Les boas, les pythons et les crotales possèdent également des fossettes thermosensibles. Ces capteurs thermiques leur permettent de détecter d'infimes élévations de température, comme les rayons infrarouges émis par les petits animaux à sang chaud qu'ils chassent. Ils perçoivent ainsi des changements de 0,2° C, localisent leur proie et mordent avec précision dans le noir.

L'anaconda devient parfois plus gros que le boa. Il chasse volontiers dans ou près de l'eau. Adulte, il peut capturer un caïman. Comme tous les serpents constricteurs, il s'enroule autour de sa proie pour l'étouffer.

L'orvet ressemble à un serpent mais n'en est pas un. C'est un lézard qui a perdu ses pattes. Comme certains autres reptiles, il est ovovivipare : les œufs fécondés restent dans la femelle et sont pondus au moment de l'éclosion. L'orvet est un mangeur de limaces.

Le plus grand lézard est le varan (ou dragon) de Komodo. Il habite une île indonésienne et mesure jusqu'à 3 m de long. Vorace, il est capable d'attaquer de grosses proies comme de petits cerfs ou des marcassins. Il les poursuit depuis un arbre, et les éventre de ses puissantes pattes.

Le caméléon, roi de la couleur !

Les caméléons sont des reptiles très évolués. À partir de formes primitives, semblables à celles des lézards, ils ont développé des caractéristiques corporelles sophistiquées, comme des doigts formant une pince ou des yeux indépendants l'un de l'autre.

UN CAMOUFLAGE PROVERBIAL

Les caméléons sont les reptiles les plus colorés au monde. Leurs teintes sont composées de pigments très intenses. Ils changent de couleur en fonction de leur humeur, grâce à leur système nerveux qui contrôle une mosaïque de cellules pigmentaires contenues dans la peau. En cas de combat entre mâles, le rouge est arboré comme une véritable peinture de guerre. Le vert est en principe la couleur de la tranquillité. Quand le soleil se couche, les caméléons deviennent presque blancs. Ils pâlissent en s'endormant. Ces changements de couleur leur permettent aussi de se camoufler pour passer inaperçus aux yeux de leurs proies comme de leurs prédateurs. Si ce camouflage ne suffit pas face à un adversaire, le caméléon gonfle son corps et siffle pour l'impressionner.

L'ŒIL EN COIN

Le caméléon possède des yeux saillants, mobiles et complètement indépendants l'un de l'autre. Cette particularité lui permet d'avoir un champ de vision très large. La perception des reliefs et des distances est altérée, mais le principal outil de son comportement prédateur est la détection de mouvements. Il n'a pratiquement pas besoin d'images détaillées. Le caméléon peut ainsi fixer une proie d'un œil et surveiller de l'autre l'approche d'éventuels ennemis. Tout cela sans même devoir tourner la tête. Cette faculté est très pratique pour chasser. Disposer de deux yeux indépendants qui roulent dans toutes les directions augmente nettement ses chances de détecter la moindre mouche qui se pose, même derrière lui, dans le feuillage environnant... tout en restant immobile. Quand une proie est repérée, le caméléon la fixe de ses deux yeux afin d'obtenir une image en relief et donc une parfaite estimation de sa distance.

La peau des caméléons contient quatre pigments (noir, jaune, blanc, rouge) et chaque espèce possède sa propre combinaison de pigmentation. Selon que les pigments s'étalent ou se concentrent dans les cellules de la peau, la coloration de fond s'éclaircit ou s'assombrit.

Les caméléons ont pour ancêtres des lézards éteints il y a 65 millions d'années. Leur origine géographique semble être l'Afrique orientale. On a découvert des caméléons fossiles au Kenya. Aucun autre reptile du passé, toujours d'après les fossiles, ne possédait les yeux indépendants des caméléons.

Un véritable acrobate

Les mouvements du caméléon sont extrêmement lents et il avance quelquefois par à-coups, simulant ainsi une feuille dans le vent. Il est pourtant très agile. Les doigts de ses quatre pattes lui permettent de pincer fermement les petites branches sur lesquelles il se déplace, et sa longue queue préhensile* lui sert de cinquième membre. Les caméléons peuvent ainsi s'accrocher à une branche juste avec leur queue, ou encore se suspendre et se balancer de branche en branche avec une aisance étonnante.

Une langue ultra-rapide

La langue du caméléon, très longue, est enroulée sur une tige d'os. Il peut la dérouler entièrement en 1/16e de seconde grâce à de puissants muscles. Une fois qu'il a lancé sa langue, l'animal ne peut contrôler que la distance. Il vise donc avec soin. Couverte de salive gluante, la pointe musclée attrape l'insecte comme une ventouse. Pour observer ce spectacle fascinant, il est nécessaire de filmer à grande vitesse afin de pouvoir repasser les images au ralenti car l'action, trop rapide, n'est pas visible à l'œil nu. Tous les caméléons sont insectivores et apprécient les sauterelles, les criquets et même les araignées. À leur tour, ils sont la proie de serpents, de rapaces et de mammifères*.

Contrairement aux lézards, les caméléons ayant perdu une partie de leur queue meurent rapidement. Elle leur est en effet indispensable pour se déplacer et pour se nourrir : grâce à elle, ils peuvent prendre appui ou se laisser pendre à une branche pour capturer une proie située un peu plus loin.

On compte quelque 100 espèces de caméléons réparties au sud de l'Espagne, en Afrique, dans la péninsule Arabique, les îles de l'océan Indien, au Sri Lanka, en Inde. Madagascar, qui abrite les 2/3 des espèces connues, est leur vraie patrie. C'est là que l'on trouve notamment les caméléons nains du genre Brookesia.

Au royaume des chauves-souris

Les chauves-souris sont les seuls mammifères* volants de la planète. Elles ont également la caractéristique remarquable d'être équipées d'un puissant outil de navigation, le sonar*. Il est tellement efficace qu'elles n'ont pas besoin d'utiliser leur vue et leur odorat pour chasser.

Le sonar de l'oreillard est très précis : il peut ainsi détecter des insectes immobiles.

Différents régimes

Près de mille espèces de chauves-souris sont réparties sur presque toute la planète. Elles recherchent leurs proies en fonction de leur taille, de leurs possibilités de vol ou de repérage, et se partagent les terrains de chasse et les proies en évitant la concurrence entre espèces. Environ 70 % sont insectivores, moins de 1 % chassent d'autres vertébrés (poissons, amphibiens*, rongeurs, lézards, oiseaux, chauves-souris), quelques-unes peuvent être charognards, certaines sont très spécialisées (grenouilles, sang). Plus de 25 % ont un régime végétarien (fruits et nectar, feuilles).

Des modes de chasse adaptés

Les chauves-souris vivent surtout la nuit. Pour trouver leur route et leur nourriture, elles utilisent leur sonar. Elles émettent des sons très aigus qui leur sont renvoyés par les obstacles se trouvant sur leur chemin. Ces échos leur permettent de se repérer dans l'espace et de localiser leurs proies avec précision.

Les espèces aux ailes longues et étroites volent au-dessus des arbres, parfois très vite, jusqu'à 50 km/h. Elles capturent de grandes proies en effectuant des piqués spectaculaires. Elles attrapent les insectes gueule ouverte, en les rabattant éventuellement d'un coup de leur aile utilisée comme une raquette.

Les renards volants (appelés aussi roussettes) se nourrissent la nuit de fruits mûrs et de nectar.

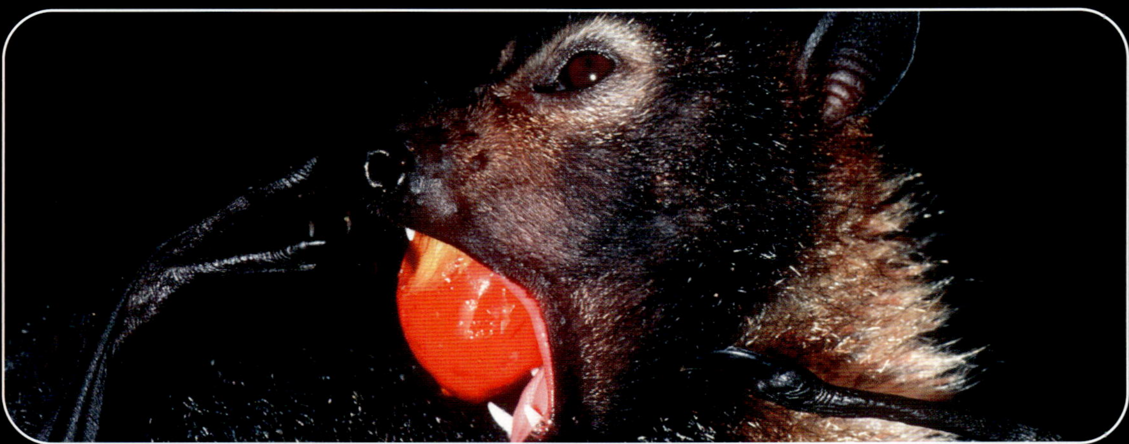

Les techniques de vol des chauves-souris sont nombreuses : stationnaire, ascensionnel, et plané pour certaines grandes roussettes. Lors de la poursuite d'une proie, elles effectuent des vols avec arabesques, en piqué, avec virage sur l'aile ou bien décrochage brutal d'une trajectoire. Impressionnant !

Dans les forêts d'Europe, les noctules exploitent le sommet des arbres et les espaces dégagés, les pipistrelles et barbastelles longent lisières et allées, les oreillards explorent les feuillages denses. Chaque espèce recherche ses proies en fonction de sa morphologie et de ses capacités.

Les espèces possédant des ailes à grande surface portante ont un vol lent et souple, très manœuvrant, ressemblant à celui de certains papillons. Elles volent entre les arbres, repèrent des proies immobiles sur des écorces ou sur des feuilles, et les "cueillent" délicatement au passage. D'autres attendent à l'affût, guettant les bruits de la proie. Lorsque la chauve-souris a repéré sa victime, elle la survole, plonge et la recouvre de ses ailes déployées ; ou alors, par un piqué brusque, elle la capture à l'arraché, l'emmène dans les airs et l'achève sur son perchoir.

En plein vol, le grand murin capture des insectes au sol ou posés sur une branche. Cette sauterelle vient d'en faire les frais...

Chauves-souris pêcheuses

Certaines espèces sont spécialisées dans la capture de poissons de surface. Elles évoluent souvent en bande et survolent les plans d'eau calmes. Leur sonar repère tout mouvement de surface. Descendant alors au ras de l'eau, leurs grands pieds munis de griffes très longues labourent l'eau et harponnent le poisson.

LE BAISER DU FAUX VAMPIRE

Cette espèce américaine simule un profond endormissement afin d'attirer les petites chauves-souris vampires. Lorsque celles-ci se posent pour commencer leur repas, le faux vampire, en un clin d'œil, ouvre ses ailes, les referme sur sa proie, puis la dévore.

Les vampires

En Amérique du Sud, trois espèces de petites chauves-souris ne se nourrissent que de sang prélevé sur toutes sortes d'animaux (oiseaux, bétail, chiens, mammifères sauvages) et même sur les hommes. La proie est repérée par le sonar, mais aussi à l'odeur et peut-être par sa chaleur. Le vampire se pose à proximité, s'approche discrètement en rampant, situe l'emplacement des vaisseaux sanguins grâce à son nez thermosensible, puis lèche la zone choisie et découpe la peau sur 1 cm^2 grâce à ses incisives, ses seules dents, tranchantes comme des rasoirs. Le sang s'écoule sur sa langue qui prend la forme d'un petit tuyau.

Les dents du vampire ne servent qu'à couper la peau des victimes.

La plus grande chauve-souris pèse 1,5 kg pour près de 2 m d'envergure. Elle mange des fruits mûrs. La plus petite ne dépasse pas 3 cm pour 2 g, et elle chasse des insectes. Toutes deux sont asiatiques.

Le problème majeur de l'attaque des vampires n'est pas tellement celui de la morsure ni du volume de sang prélevé (trois à quatre cuillers à café par nuit de chasse), mais le risque de contamination. Ces chauves-souris sont en effet porteuses du virus de la rage et peuvent le transmettre.

Belettes, loutres, martres et Cie

Leur famille, les mustélidés, est composée de petits carnivores souvent appelés "puants" et parfois considérés comme nuisibles. Ces mammifères* aux canines très pointues et efficaces n'ont décidément pas bonne réputation. Ils méritent pourtant bien mieux…

Vous avez dit mustélidés ?

La famille des mustélidés rassemble hermine, belette, martre, fouine, blaireau, loutre, putois, vison, glouton, mouffette, furet… Certains se ressemblent comme les diverses espèces de belettes et d'hermines, ou comme la fouine, la martre et la zibeline, leur jolie cousine asiatique. Ces espèces sont présentes sur tous les continents, sauf en Australie et sur des îles isolées. Elles possèdent des régimes alimentaires variés, mais le plus souvent elles sont carnivores au sens large. Rats, souris et campagnols sont au menu de beaucoup ; poissons et écrevisses régalent les loutres et les visons ; les vers de terre constituent les repas du blaireau… Comme son nom l'indique, le glouton a bon appétit. Selon les saisons, il se nourrit de souris, lièvres, perdrix, baies, racines, et sait même chasser le renne *(photo ci-contre)*…

Le furet de compagnie, de plus en plus présent dans de nombreux foyers, est la forme domestique du putois de nos campagnes, ou peut-être plutôt du putois des steppes d'Europe centrale. On s'en sert encore pour chasser les lapins.

En Asie, les jeunes loutres sont parfois capturées et élevées pour devenir totalement domestiques. Elles sont dressées pour la pêche et rapportent très bien les poissons à leur maître.

Signal d'alarme

Petits pour des prédateurs, les mustélidés se trouvent au milieu des chaînes alimentaires, une position pas toujours confortable ! Certains possèdent d'étonnants moyens de défense. La fourrure des mouffettes d'Amérique, du zorille d'Afrique et du blaireau d'Europe porte des marques noires et blanches bien visibles. Elles indiquent que leur propriétaire n'a pas un goût très agréable, qu'il possède une solide paire de mâchoires ou qu'il détient une arme chimique. Ainsi, lorsqu'elles se sentent menacées, les mouffettes lèvent la queue, tournent le dos à leur ennemi et projettent sur lui, à plusieurs mètres de distance, un liquide puant qui provoque des brûlures aux yeux. De quoi décourager un prédateur hésitant !

Les belles martres

Ce sont des carnivores forestiers – américains, européens et asiatiques –, acrobates dans les arbres mais qui chassent généralement au sol. Leur alimentation est très variée : campagnols, souris, lièvres, écureuils, oisillons, baies... Elles mangent tout ce qu'elles peuvent attraper ! Elles ont beaucoup souffert d'avoir une trop belle fourrure, ce qui leur a valu d'être chassées par l'homme. La martre de Pennant, qui vit en Amérique du Nord, est la plus grosse du groupe. Elle est capable de chasser le porc-épic local sans se blesser, en le mordant à la gorge, là où il n'a pas de piquants.

À la pêche !

Les treize espèces de loutres pêchent des poissons, des écrevisses, des coquillages et peut-être encore d'autres bestioles à travers la planète. La plus grosse d'entre elles est la loutre de mer, mangeuse de crustacés, de coquillages, d'oursins et de petites pieuvres. La loutre géante du Brésil, très bruyante lorsqu'elle chasse, ne se nourrit que de poissons. La loutre d'Europe se régale aussi de poissons, mais également de grenouilles et de rongeurs aquatiques.

En Bretagne, il existe des loutres qui pêchent en mer. Ce ne sont pourtant pas des loutres de mer, juste des loutres de rivière qui prennent des bains de mer ! Elles ont d'ailleurs besoin de rincer régulièrement leur pelage à l'eau douce.

Coureur et nageur, le vison se nourrit de poissons, écrevisses, amphibiens, petits mammifères, oiseaux, reptiles... Il tue ses proies en les mordant à la nuque avec ses redoutables canines. Le vison d'Amérique, élevé pour sa fourrure, a été introduit en Europe, où il menace son très rare cousin européen.*

Baleines et dauphins

Il a fallu longtemps aux hommes pour comprendre que les baleines et les dauphins n'étaient pas des poissons, mais des mammifères* comme eux. Aujourd'hui, l'étonnante adaptation des cétacés à la vie dans les océans continue de nous surprendre...

Les géants des mers

Les plus gros animaux de tous les temps sont les grands cétacés : baleines, rorquals et cachalots. Les deux premiers n'ont pas de dents, mais des fanons avec lesquels ils filtrent le plancton* *(voir p. 20)*. Ils utilisent aussi des méthodes qui leur sont propres. En plus "d'écrémer" la mer, la baleine grise racle les fonds marins à la recherche de mollusques, crabes, crustacés... La baleine à bosse, qui se nourrit de krill* mais également de poissons, a une technique particulière pour chasser ces derniers. Avec d'autres congénères, elle les encercle dans une sorte de filet de bulles d'air émises sous l'eau, puis elle remonte à la verticale, bouche ouverte, et les avale *(dessin ci-dessus)*. Le cachalot est le seul des grands cétacés à avoir des dents, mais seulement à la mâchoire inférieure. Il plonge à plusieurs centaines de mètres de profondeur à la recherche de calamars géants qu'il détecte à l'aide de son sonar*.

Au menu : poissons ou calamars ?

Il existe deux groupes de cétacés à dents : les dauphins ichtyophages qui chassent les poissons, et les cachalots et globicéphales teutophages qui se nourrissent de calamars. Les teutophages possèdent un système d'évacuation du sel, car les calamars sont aussi salés que l'eau de mer. Les cétacés passent une bonne partie de leur temps à chercher leurs proies qui se déplacent en bancs serrés. Pour cela, ils ont développé le sonar, indispensable dans l'eau trouble ou dans l'obscurité de la nuit ou des grands fonds. Ce sens extraordinaire permet d'envoyer des ondes sonores qui rebondissent sur les obstacles et reviennent au cétacé. Il peut alors reconstituer une image de ce qui l'entoure et repérer ses proies. Les cétacés étant en général grégaires*, leurs chasses sont souvent collectives et coordonnées. Le banc de poissons ou de calamars est encerclé : les prédateurs se servent les uns après les autres, le reste du groupe empêchant les proies de se sauver.

Les péponocéphales sont de grands dauphins. La nuit, leurs lèvres blanches trompent les calamars, qui les prennent pour les poissons dont ils se nourrissent. Ils se ruent ainsi sur la bouche qui va les engloutir !

La forme fuselée du corps de tous les cétacés est une bonne adaptation à la poursuite de proies rapides comme certains poissons. C'est moins vrai pour les baleines qui n'ont que du plancton à capturer.

Le cachalot détient le record de plongée des mammifères. Il peut aller jusqu'à 3 000 m de profondeur et rester en apnée plus d'une heure. Pour descendre et remonter plus vite, il refroidit ou réchauffe un liquide spécial présent dans son énorme tête. Cela change sa densité et facilite ses plongées.

Le régime des orques

Grâce à ses puissantes mâchoires, l'orque (ou épaulard), le plus grand des dauphins, est un prédateur impressionnant, capable de manger des poissons, des manchots, des phoques, voire d'autres cétacés. Les groupes d'orques se spécialisent dans leur alimentation : ceux qui attendent les saumons au large des côtes du Canada et de l'Alaska ne sont pas les mêmes que ceux qui chassent les otaries juste à côté. Il y a un apprentissage des gestes et des techniques pour chaque proie. Par exemple, pour attraper un phoque qui se repose sur un glaçon, l'orque sort la tête de l'eau pour bien le visualiser, puis elle plonge sous le glaçon, le renverse et gobe le phoque. Pour attaquer un banc de sardines, les orques l'encerclent puis assomment les poissons d'un coup de queue. Elles peuvent aussi chasser en groupe les grandes baleines, ce qui n'est pas sans risque car un coup de queue de ces dernières peut les tuer.

Le seul prédateur du cachalot est l'orque. En cas de menace, les femelles entourent le jeune en formant une "marguerite" pour le protéger.

Les étranges couleurs des orques aident à leur camouflage dans l'océan.

QUI EST OÙ DANS L'OCÉAN ?

Le relief sous-marin, la profondeur, les courants, la salinité, la distance par rapport aux rivages… font de la mer un ensemble très hétérogène, avec autant de terrains de chasse possibles et de proies différentes. Le grand dauphin et le dauphin bleu et blanc se rencontrent plutôt près des côtes, le dauphin commun plus au large. Les grandes baleines cherchent le plancton en restant à distance des côtes. Certaines espèces vivent là où le fond plonge vers les abysses. D'autres, rares, sont en eau douce ou dans les estuaires.

Les orques encerclent les sardines pour s'en nourrir plus facilement.

Dans les océans, les orques et les grands requins sont les super-prédateurs. Comme ils se nourrissent beaucoup de phoques et d'otaries, le massacre de ces animaux pour leur fourrure au début du XXe siècle a considérablement réduit leurs effectifs.*

Au large des côtes californiennes, les orques chassent de plus en plus les loutres de mer. C'est peut-être parce que l'on a trop pêché les saumons dont elles se nourrissaient auparavant. Elles ont donc dû s'adapter.

Capture d'une jeune otarie du Cap par un grand requin blanc.

Le requin, maître des océans

Prédateurs par excellence, les requins fascinent mais font peur. Ces poissons pas comme les autres, tous carnivores, sont puissants et armés pour tuer. Leur rôle de super-prédateurs* est cependant indispensable pour maintenir l'équilibre écologique dans les océans.

Le ventre blanc des requins se confond avec le ciel vu de dessous, leur dos noir ou gris avec les fonds marins vus de dessus, et leurs flancs souvent striés de bleu se mêlent aux couleurs de la mer vue de côté. C'est le cas de ce requin à pointes blanches.

Profilés pour la vitesse

Trois bonnes raisons obligent les requins à aller vite : la dispersion des lieux où se trouve leur nourriture, le mouvement constant de leurs proies et la rapidité de certaines d'entre elles. Leur aspect profilé favorise la vitesse. Leur peau est recouverte de petites pointes, les denticules, qui facilitent l'écoulement de l'eau le long de leur corps. Leur gros foie et des cavités remplies de matière gélatineuse augmentent leur flottabilité. Leur propulsion est assurée par la nageoire caudale, verticale contrairement à celle des cétacés qui bat horizontalement. Les requins atteignent ainsi 60 km/h. Ils consomment beaucoup d'oxygène qu'ils récupèrent au niveau des branchies*. Certains, comme le grand requin blanc ou le requin mako, sont même condamnés à avancer sans cesse, seule façon pour eux de s'oxygéner.

Le profilage du grand requin blanc et sa puissante dentition font de lui le seigneur des mers.

Les sens pour repérer les proies

Les requins possèdent une vue adaptée à la disparition des couleurs sous l'eau. Ils distinguent surtout les mouvements et n'ont une vision nette que des objets rapprochés. Leur acuité visuelle diffère beaucoup selon les espèces. Les requins des grands fonds ou des fonds rocheux et sableux – requins-tapis, requins-nourrices... – sont presque aveugles. Les chasseurs du grand large – requin bleu, requin blanc, requin-tigre – voient nettement mieux. Les squales ont aussi une ouïe sensible aux vibrations, et deux narines indépendantes directement reliées au cerveau, gages d'un bon odorat.

Le grand requin blanc est le plus grand poisson prédateur du monde. Souvent solitaire, il est doté d'une oreille très fine et d'un odorat exceptionnel qui le dirigent à coup sûr vers ses proies. Il n'attaque que lorsqu'il a faim (voir DVD Les grands prédateurs, chap. 5).

Le grand requin blanc n'est pas une proie de choix pour la pêche industrielle, mais il est apprécié des amateurs de pêche au gros, toujours à la recherche de trophées plus spectaculaires. Il est complètement protégé en Afrique du Sud et dans une moindre mesure en Australie et en Californie.

Scène de folie alimentaire : les requins peuvent devenir frénétiques sur un site où la nourriture abonde.

Les dents de la mer

La dentition des squales, adaptée au type de proie recherchée, est caractérisée par un renouvellement permanent : les dents sont régulièrement remplacées par de nouvelles, bien tranchantes ! Les mâchoires, mobiles, sont capables de se déployer vers l'avant. La pression qu'elles exercent en se refermant correspond à 3 tonnes/cm² : comme si un être humain écrasait trois voitures avec un doigt !

Menu complet

Situés tout en haut de la pyramide alimentaire, les squales ont des proies très variées, mais chaque espèce est souvent spécialisée. Tous aiment les poissons en banc et ne dédaignent pas les grandes baleines, mortes ou à l'agonie. Le requin-pèlerin et le requin-baleine se nourrissent aussi de plancton*, le requin dormeur de coquillages et de crustacés, les requins de récif de poissons de roche. Le requin-tigre avale oiseaux et tortues, le requin bleu et le requin-nourrice aiment les calamars et les poulpes, le requin blanc chasse phoques, otaries et dauphins. Le grand requin blanc, le requin-citron, le requin-tigre et le requin-marteau peuvent manger d'autres squales.

LA COUSINE DU REQUIN

Les raies sont, avec les requins, des poissons cartilagineux. Leurs techniques de chasse et leur alimentation diffèrent suivant les espèces. Celles vivant sur le fond mangent des poissons, des crustacés, des vers et des mollusques. Certaines chassent en pleine eau, d'autres fouillent le sable du fond et broient les coquilles des mollusques grâce à leur forte dentition. La plus grande, la raie manta, se nourrit de plancton. La raie torpille utilise son champ électrique pour repérer ses proies, et des décharges pour les paralyser. La raie pastenague vit enfouie dans le sable avec lequel elle se confond. Elle chasse à l'affût, sautant sur les proies qui passent à proximité.

Ces sardines "se cachent" près du requin-taureau... pour éviter d'être mangées !

Le requin-tigre possède les plus grandes mâchoires de tous les squales. Il se nourrit de tout ce qui lui tombe sous la dent : poissons, tortues, oiseaux, crustacés, phoques, dauphins, baleines, requins, et même détritus de bois ou de métal. Il est ainsi surnommé la "poubelle des mers".

Les requins sont rarement dangereux pour l'homme, mais ils ont été diabolisés au cinéma et dans la littérature. Le roman et le film Les Dents de la mer*, qui ont remporté un succès incroyable, véhiculent une fausse image des requins, en réalité beaucoup plus menacés par l'homme qu'ils ne sont eux-mêmes menaçants...*

Des poissons très affamés

Les requins ne sont pas les seuls poissons prédateurs. Dans les océans comme en eau douce, il existe bien d'autres espèces tout aussi impressionnantes et dont l'appétit est parfois bien aiguisé. Place aux poissons osseux carnivores !

À L'AFFÛT

Le **brochet** se rencontre dans les lacs, les étangs ou les rivières, ainsi que dans les estuaires européens et en mer Baltique. Tapi le long d'un tronc d'arbre immergé, il ressemble à une branche et attend patiemment qu'une proie (gardon, chevesne ou vandoise) passe à sa portée. Son accélération est alors fulgurante mais de courte durée. La victime est avalée la tête la première. Il capture parfois une grenouille, un caneton ou un rat d'eau. Les femelles, plus grosses que les mâles, peuvent devenir cannibales lors du frai*. À l'éclosion des œufs, les alevins* commencent également par s'entre-dévorer. Ensuite l'espèce mène une vie solitaire.

TOUS EN BANCS !

Les **thons** sont de puissants poissons marins, souvent rassemblés en bancs à la recherche des bancs d'anchois ou de sardines dont ils se nourrissent. Certains peuvent dépasser plusieurs centaines de kilos. Ils poursuivent les mêmes proies que les dauphins, ce qui explique les nombreux cétacés pris accidentellement par les pêcheurs de thons. Les thons ont une température interne supérieure à celle de la mer, un peu comme chez les mammifères*. Leur chair ressemble d'ailleurs plus à de la viande qu'à du poisson.

UNE ÉPÉE POUR ARME

Espadons, voiliers et marlins (ou makaires) sont de beaux poissons prédateurs du large, souvent rencontrés dans les eaux chaudes superficielles de l'océan, mais s'approchant parfois des côtes. Ils sont très rapides, surtout le voilier qui peut dépasser 100 km/h sur de courtes distances. Leur mâchoire supérieure allongée comme une épée, plus ou moins développée selon les espèces, sert à blesser et à tuer leurs proies, et peut-être aussi à se défendre. Ils chassent d'autres poissons, mais sont la proie de cétacés.

L'esturgeon pond en rivière, mais grandit en mer. Ce survivant de la préhistoire est surtout un prédateur de petites proies (vers, larves) trouvées sur les fonds vaseux qu'il affectionne. Il les repère grâce à ses barbillons (filaments sous le museau) et les aspire avec sa bouche qu'il étire vers l'avant.*

Les poissons volants, appelés aussi exocets, capturent de petites proies, mais sont eux-mêmes pourchassés par de nombreux autres poissons. Leurs "ailes", qui sont des nageoires pectorales transformées, leur permettent d'échapper en planant au-dessus de l'eau. Ils vivent toujours près de la surface.

Attention, danger !

Le **barracuda** est un peu la terreur des mers chaudes (pour les poissons, sans danger pour les plongeurs) ! Son profil allongé lui permet de nager rapidement, et sa denture aiguisée de saisir ses proies. Toujours affamé, il s'attaque à presque toutes les espèces rencontrées : poissons, pieuvres, calamars, crustacés… Les jeunes barracudas et les petites espèces vivent et chassent en bancs, tandis que les grands sont solitaires. Ils s'approchent lentement de leurs victimes, puis d'un mouvement de leur puissante queue, bondissent dessus, ne laissant à la proie aucune chance de s'échapper. Redoutable et redouté, le barracuda est un super-prédateur* qui ne craint que les requins.

Une mâchoire de compétition

Les **piranhas**, célèbres pour leur appétit et leurs dents affûtées comme des lames de rasoir, vivent dans certaines rivières d'Amérique du Sud. Chassant en bandes, ils se nourrissent de poissons, mais aussi de rongeurs et de mammifères, et se régalent surtout d'animaux blessés, malades ou morts, ce qui leur a valu le surnom de "hyènes des eaux". Ils deviennent dangereux lors des basses-eaux, car la nourriture se fait rare, et en présence de sang : pris d'une véritable frénésie boulimique, ils sont alors capables de nettoyer une carcasse en quelques minutes. Mais contrairement à ce que l'on imagine, ces poissons grégaires* ne sont pas tous carnivores : beaucoup sont herbivores et eux-mêmes la proie de divers prédateurs.

Cachées, mais très efficaces

Si les **murènes** ont mauvaise réputation, elles le doivent à leur allure et aux légendes colportées sur elles. En fait, elles n'attaquent pas si on les laisse tranquilles et elles se laissent même apprivoiser ! Cachées dans leur trou, elles attendent la nuit pour chasser mollusques et poissons. Elles restent généralement à l'affût, se fiant à leur puissant odorat pour bondir sur leur proie. La morsure de la murène est redoutable à cause de la force de ses mâchoires, et de ses dents longues et pointues imprégnées de poison. Certaines espèces tropicales sont très colorées et décorées d'excroissances curieuses.

Les morues (appelées aussi cabillauds) vivent en grands bancs en mer du Nord, dans l'Atlantique Nord et au large des côtes canadiennes. Toujours affamées, elles chassent en groupe en encerclant leurs proies. Elles sont elles-mêmes consommées par les phoques et surtout pêchées par l'homme.

Immobile sur le fond, expert en camouflage, le poisson-grenouille pêche à l'affût dans les mers tropicales. Il a un leurre sur le front qu'il agite devant lui, comme un appât au bout d'une canne à pêche, pour attirer sa proie. Quand elle approche, il projette sa grande bouche en avant et n'en fait qu'une bouchée !

La pieuvre pygmée à ventouses étoilées mesure 3 cm bras étirés et pèse moins de 1 g. La pieuvre géante du Pacifique mesure 4 à 6 m de diamètre et pèse 50 kg en moyenne. La plus grande jamais mesurée atteignait 9 m pour un poids de près de 300 kg.

Le calamar géant, le plus grand invertébré de la planète, dépasse 15 m de long et pèse plus de 250 kg. Plusieurs ont été retrouvés échoués, et on a vu la marque de leurs ventouses sur la peau de nombreux cachalots. Mais cet animal mystérieux n'a été observé vivant qu'une fois, fin 2005, par caméra interposée.

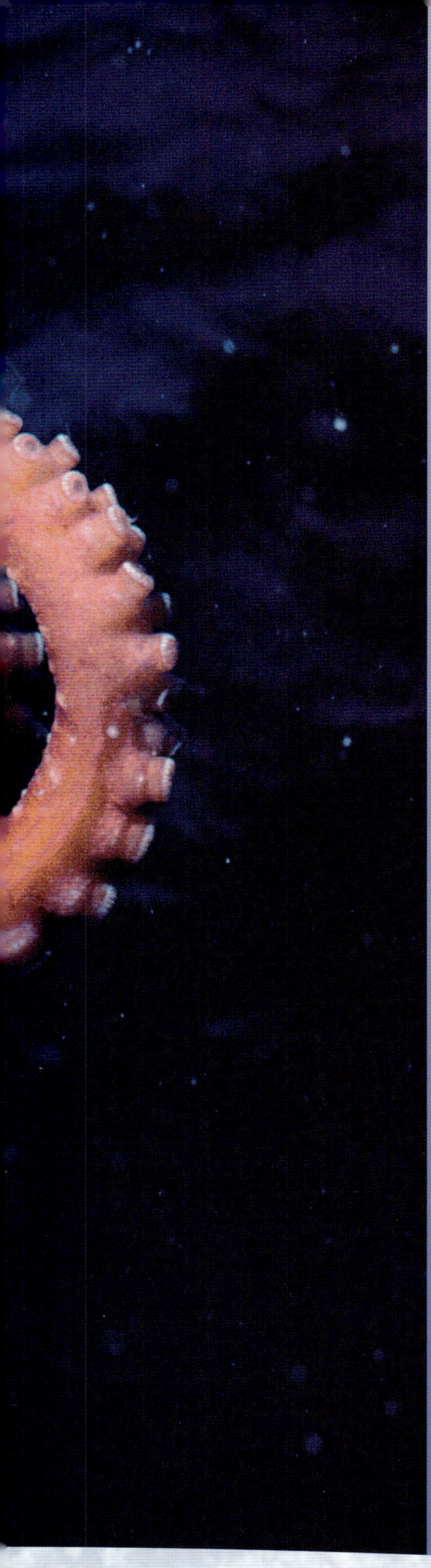

Pieuvres, seiches et calamars

Avec leur tête d'où partent plusieurs bras, les céphalopodes sont particulièrement étonnants. Parmi les invertébrés*, ils détiennent des records de gigantisme. De tout le règne animal, ils sont les plus habiles à modifier leur apparence.

Mieux que les caméléons

La seiche et le poulpe (ou pieuvre) sont capables de changer de couleur et de forme. Grâce à leurs poches à pigments colorés, ils font apparaître toutes sortes de taches, rayures et bandes, qui peuvent changer à chaque instant pour mieux se fondre avec le décor. De petits muscles permettent de varier la texture et le relief de leur peau en faisant pousser ou disparaître bosses ou pointes. Par ces métamorphoses, ils expriment leurs émotions et se cachent d'un prédateur ou d'une proie. Certains poulpes sont même capables d'imiter d'autres animaux, en particulier venimeux, pour mieux s'en approcher et les surprendre sans risque !

Une tête bien armée

Le poulpe a de très bons yeux et un cerveau plus développé que celui des autres céphalopodes. Son fort bec corné lui sert à ouvrir les coquilles des mollusques et les carapaces des crabes. S'ils lui résistent, il a recours au poison. Ses glandes salivaires produisent en effet une substance qu'il injecte grâce à de petites dents. Ce poison paralyse les proies en moins de 30 secondes, puis en dissout l'intérieur. La pieuvre n'a plus qu'à aspirer son repas ! Ensuite, elle rejette la coquille ou la carapace vide à l'entrée de son nid.

Des bras à tout faire

Les pieuvres ont huit bras, les seiches et calamars dix. Couverts de ventouses très mobiles, ces bras ont de multiples usages : attraper des proies (crevettes pour la seiche, poissons pour le calamar, crustacés et poissons pour la pieuvre), se déplacer, grimper, ramper et même servir d'organe génital chez le mâle ! Un bras coupé peut repousser. En contractant son corps, le poulpe se déplace rapidement. Calamars et seiches sont également de bons nageurs.

Pieuvre faisant le "parachute" pour tomber sur sa proie.

Les plus grandes pieuvres ne sont pas agressives, mais plutôt timides et inoffensives pour l'homme. En revanche, le tout petit poulpe à anneaux bleus d'Australie possède un poison paralysant très puissant capable d'agir sur des prédateurs, y compris l'homme, et pouvant entraîner la mort.

Les pieuvres ont de vraies capacités d'apprentissage. L'expérience en a été faite en aquarium : on montre à un poulpe une boule blanche et on lui donne un poisson, puis une boule rouge sans rien lui donner. Après quelques essais, lorsqu'on le met en présence des deux boules, il ne saisit que la blanche.

Prédatrices des fonds marins

Étoiles de mer, anémones, méduses... : ces invertébrés* qui vivent dans la mer sont des animaux, même s'ils ressemblent parfois à des fleurs. Certains sont mobiles, d'autres fixes. Certains piquent, d'autres pas. Mais ils sont tous beaucoup plus gourmands qu'il n'y paraît !

DES BRAS À TOUT FAIRE

Une **étoile de mer** possède un disque central d'où partent le plus souvent cinq bras (jusqu'à cinquante, très rarement, pour certaines espèces). Sous la face ventrale, ces bras sont couverts de petits "pieds ventouses" qui lui servent à s'accrocher, à marcher, à s'emparer de mollusques et à les ouvrir en tirant avec force sur leurs valves. L'étoile de mer possède l'étonnant pouvoir de reformer un bras qui a été sectionné. Mieux, elle est même capable de se reformer entièrement à partir d'un seul bras et d'un morceau de disque central !

TUEUSES DE CORAIL

Les ***Acanthaster*** sont de grosses étoiles de mer tropicales qui se nourrissent de corail. Dans les années 1960, elles ont commencé à envahir le Pacifique : elles progressaient rapidement – 1 km par semaine – par hordes, en détruisant des colonies entières de corail. Les récifs, vraies nurseries pour quantité d'espèces sous-marines, étaient menacés. Sans qu'on en connaisse la raison, le phénomène a heureusement pris fin.

ELLES MANGENT DE TOUT !

La bouche des **étoiles de mer** se trouve au milieu de leur face ventrale. Pour se nourrir, elles sortent leur estomac et aspirent leur proie. Quelques espèces broutent des algues ou se nourrissent de débris qu'elles trouvent sur le fond marin, mais la plupart sont des prédateurs voraces qui mangent des animaux vivants ou des cadavres : mollusques bivalves, crustacés, poissons. Certaines sont spécialisées dans un type de proies. Elles peuvent alors causer des problèmes pour l'ostréiculture et la mytiliculture (les élevages d'huîtres et de moules).

On voit souvent de grandes méduses accompagnées d'alevins qui trouvent dans leur ombrelle une protection efficace contre de nombreux prédateurs. La méduse profite en retour du nettoyage que lui prodiguent ces petits poissons.

Les tentacules des méduses et des anémones de mer sont recouverts de cellules à venin, composées d'une capsule remplie de liquide urticant et d'un filament hérissé de petits crochets. Quand la cellule est stimulée, elle projette le filament vers la proie potentielle et lui injecte son poison.

BELLE… MAIS VENIMEUSE

L'**anémone de mer**, jolie fleur sous-marine, est en fait un animal. Elle vit le plus souvent fixée sur un rocher, une épave ou une coquille de mollusque. Elle se nourrit des poissons et petits animaux qui passent à sa portée. Ses tentacules empoisonnés emprisonnent les proies qui l'effleurent, puis les paralysent. Cependant, certains petits poissons des mers chaudes comme le poisson-clown, immunisés contre son venin, viennent se cacher sous ses tentacules pour échapper à leurs prédateurs. Dans les anémones de Méditerranée, on trouve aussi, pour les mêmes raisons, des crevettes, des gobies rayés, des alevins*, des petites cigales de mer… Le bernard-l'hermite agit autrement. Ce crustacé sans carapace commence par trouver une coquille de mollusque vide pour s'y abriter. Puis il pose dessus une anémone de mer qu'il a cueillie sur son rocher. Chacun y trouve son compte : elle a plus à manger puisqu'elle se déplace avec le bernard-l'hermite, et lui est encore mieux caché, donc mieux protégé.

CREVETTE ET ANÉMONE

La péricliménès transparente est une petite crevette méditerranéenne qui ne semble pouvoir vivre que sur l'anémone dorée. Son immunité au venin de cette dernière semble être innée. Ce n'est pas le cas des autres péricliménès qui doivent réacquérir leur immunité à chaque mue : elles se couvrent de mucus prélevé avec leurs pinces sur l'anémone, ce qui leur permet de ne pas être attaquées par ses tentacules empoisonnés. La crevette, proie convoitée, se protège ainsi en s'adaptant à l'anémone, un prédateur potentiel.

ÉLÉGANTES MAIS REDOUTÉES

Les **méduses** possèdent une ombrelle en forme de champignon et des tentacules plus ou moins longs, prolongements de leur bouche. Recouverts de venin pouvant causer des brûlures cuisantes, ces tentacules servent à les protéger et à chasser. Ils leur permettent de tuer des larves* et tous les petits animaux qu'elles capturent, y compris des alevins et d'autres méduses. Parfois au printemps, au maximum de la production de plancton*, les populations de méduses explosent grâce à toute cette nourriture disponible : leurs bancs s'étalent en mer sur des kilomètres.

Les coraux sont des animaux coloniaux, proches des anémones de mer. Ils se nourrissent passivement la nuit en filtrant l'eau de mer qui passe à portée des tentacules de leurs centaines de petits polypes. Ce sont eux qui sécrètent le squelette dur appelé aussi corail.

Les oursins se déplacent sur les fonds rocheux grâce à de petits tubes implantés entre leurs piquants et terminés par des ventouses. Ils broutent les algues et se nourrissent aussi de petits animaux invertébrés fixés sur elles.

La libellule : une belle tueuse

Virevoltant autour des mares, souvent parées de chatoyantes couleurs métalliques, pleines de grâce dans leurs ballets incessants, les libellules sont en réalité de redoutables chasseresses, véritables super-prédateurs* dans le monde des insectes.

Les gros yeux des libellules leur permettent de voler avec précision, donc plus vite.

Une agile voltigeuse

Le vol d'une libellule est très rapide, jusqu'à 50 km/h en vitesse de pointe. Elle est capable de vols stationnaires, d'arrêts immédiats, de virages à 90° et même de voler en arrière ! Cela la rend habile à la chasse mais également difficile à attraper. Ses très gros yeux et l'extrême mobilité de son cou lui permettent de voir dans toutes les directions et de repérer sa proie dans un rayon de 20 m, voire 40 m lorsqu'elle est en mouvement.

Impitoyable super-prédateur

La libellule vole en écartant ses longues pattes hérissées de piquants rigides, qui forment avec le corps une espèce de corbeille dans laquelle elle maintient sa proie. Les petits insectes pris au piège sont broyés par les puissantes mandibules*. Ses mets préférés sont les mouches et les moustiques, mais elle se nourrit aussi de papillons et de toutes sortes d'insectes. Si sa prise n'est pas intéressante, comme un scarabée trop dur, la libellule la rejette. Si la proie est de trop grande taille, tel un papillon, elle n'en dévore souvent que le corps, abandonnant les ailes. Elle mange aussi des insectes disposant de défenses puissantes, comme les abeilles ou les guêpes.

Les libellules, et leurs cousines les demoiselles, comptent de très nombreuses espèces. Toutes ne vivent pas autour des mares, mais toutes sont complètement dépendantes de l'eau. Certaines préfèrent les rivières, d'autres les lacs.

La larve a un développement aquatique de une à plusieurs années, pendant lesquelles elle mue environ 10 fois. Lors de la dernière mue, elle monte sur une tige au bord de l'eau. Sa peau s'ouvre au sommet du thorax et la libellule sort. Après quelques heures de séchage, elle s'envole pour mener sa vie d'adulte.

Après avoir capturé en vol une phalène, cette libellule s'est posée sur une feuille pour finir de dévorer le petit papillon.

Deux techniques de chasse

La libellule passe de longues heures à chasser soit à la poursuite, soit plus souvent à l'affût à partir d'un perchoir. Elle attend qu'une proie passe à sa portée pour se précipiter dessus et la capturer, puis elle la mange en vol ou la ramène sur son perchoir pour la dévorer. Elle vole parfois sur place pour repérer ses proies avant de fondre sur elles. Les libellules sont tellement voraces qu'il leur arrive d'attaquer l'appât des pêcheurs à la ligne quand il est en l'air ! Elles sont actives le jour, mais chassent également au crépuscule si les proies sont abondantes.

L'ARME FATALE DE LA LARVE DE LIBELLULE

Il s'agit de la lèvre inférieure des larves, appelée "masque". Elle est très modifiée, très allongée, articulée et terminée par deux crochets puissants qui forment des pinces mobiles. Au repos, cet ensemble est replié sous la tête. Face à une proie, la larve déplie toute la structure et écarte les crochets dans le temps record de 0,025 secondes ! Des muscles rétractiles ramènent ensuite le masque vers la bouche, refermant les crochets sur la proie. Après l'ingestion, la larve procède à la toilette de ses pièces buccales*.*

Les larves de libellules ont encore meilleur appétit que les adultes.

Larves aquatiques

Les larves* de libellules grandissent dans l'eau et comptent parmi les chasseurs subaquatiques les plus "meurtriers", en particulier du fait de leur grande taille quand elles atteignent le stade de la métamorphose. Carnivores, elles se nourrissent d'autres larves d'insectes, de vers de vase, de gastéropodes, de têtards et même de petits poissons affaiblis ! Elles les capturent grâce à un organe préhensile* très particulier, appelé le masque. Les larves aux jeunes stades repèrent surtout leurs victimes par les antennes. Puis leur vision binoculaire, c'est-à-dire en relief, leur permet de reconnaître et de localiser leur proie afin de projeter efficacement ce masque. Les larves chassent alors le plus souvent à vue et peuvent aussi poursuivre leur proie. Leurs déplacements sont accélérés par l'eau qu'elles aspirent puis expulsent par l'anus, ce qui les projette vers l'avant.

Les yeux des libellules occupent la plus grande partie de leur tête. Chaque œil compte jusqu'à 30 000 facettes chez les plus grosses espèces. Les facettes supérieures seraient surtout sensibles aux mouvements ; les inférieures, plus petites, détecteraient les formes et les détails.

La libellule n'a pas toujours été populaire. Bien qu'elle ne possède pas de dard, certaines superstitions anciennes affirmaient que sa piqûre était dangereuse pour l'homme, voire mortelle ! Nombre de ses surnoms en témoignent : mouche-vipère, valet de serpent, agent du diable...

Redoutables fourmis

On raconte que le poids total des fourmis de la Terre ne serait pas très différent de celui de tous les hommes ! C'est dire si elles sont nombreuses. Bien sûr, personne ne les a comptées. Elles sont néanmoins partout... et grouillantes.

La vie en société

Comme quelques autres insectes, les fourmis sont organisées en sociétés complexes où tous les individus n'ont pas le même rôle. Il existe plusieurs métiers différents dans la fourmilière, parfois liés à l'âge, ou dictés par l'étonnante morphologie de certains individus. Les fourrageuses, les plus âgées, chassent pour toute la fourmilière. Elles empruntent les chemins qui partent du nid et rayonnent dans un périmètre de 100 m. Elles s'orientent à l'aide de repères dans le relief du terrain, et en utilisant les étoiles la nuit ou le soleil le jour. Les invertébrés* (chenilles, papillons, araignées...) constituent l'essentiel de leurs proies, les pucerons étant leurs mets favoris. Les fourmis les immobilisent entre leurs puissantes mandibules* et les paralysent d'un jet d'acide formique. Elles les ramènent parfois au nid, mais le plus souvent elles dépècent leur proie sur place et l'avalent. Le liquide ainsi obtenu est ensuite régurgité *(voir photo)* et distribué aux fourmis restées dans la fourmilière.

On estime que, l'été, le nombre d'insectes tués par une colonie de taille moyenne est de plusieurs milliers par jour. En multipliant par le nombre de fourmilières présentes dans une région ou un pays, on imagine le travail des fourmis !

Une fourmi peut remorquer 60 fois son poids ! Cela permet à la colonie de faire des provisions en rapportant de grandes proies dans le nid. Pendant l'hiver, les fourmis vivent au ralenti, beaucoup meurent mais les réserves nourrissent les autres.

La horde sauvage

Les terribles fourmis magnans d'Afrique sont redoutées. Les soldats, les plus gros individus, possèdent des mandibules tranchantes qui coupent et arrachent la chair de leurs victimes. Quand les petits animaux vivant sur le sol pressentent l'arrivée de leurs colonnes, ils s'enfuient. Les plus jeunes et les plus faibles sont engloutis sous la masse, tués, emportés et dévorés. Les magnans alternent les phases sédentaires et les phases de nomadisme : ils se déplacent quand ils ont épuisé toutes les ressources alimentaires disponibles autour de leur colonie.

Guerre chimique

Les fourmis du genre *Formica*, comme la fourmi rousse, n'ont pas d'aiguillon. Pour compenser, elles possèdent un abdomen qui se termine par une glande à venin. La grande mobilité de l'abdomen est nécessaire pour viser l'adversaire, ce qui explique certaines contorsions des fourmis lorsqu'elles attaquent. Leurs mandibules leur permettent aussi d'ouvrir la carapace de l'adversaire pour y déposer de l'acide formique. Un seul milligramme de ce venin, qui occasionne de vives sensations de brûlure, foudroie un insecte.

Toutes les fourmis ne sont pas prédatrices, ou pas tout le temps. Certaines se nourrissent de graines, d'autres "cultivent" des champignons ou élèvent des pucerons qui produisent du miellat, un jus sucré dont elles sont friandes. Une fourmilière peut en récolter 20 kg par an.

Des nids de fourmis ont été transplantés dans des zones sinistrées par des chenilles processionnaires. Leur effet prédateur sur les chenilles s'est rapidement fait sentir au bénéfice des arbres et du milieu.

Stupéfiantes plantes carnivores

Avec elles, l'ordre classique de la chaîne alimentaire est bouleversé ! Originales, ces plantes ont en effet inversé la règle fondamentale selon laquelle ce sont les animaux qui se nourrissent des plantes.

Les plantes carnivores sont le plus souvent adaptées à des milieux pauvres, comme les tourbières, marécages, rochers humides, vasières. Pour améliorer leur ordinaire, elles consomment de petits invertébrés* qui pullulent dans ces zones. Elles les attirent par leurs couleurs vives et leurs sécrétions sucrées, et elles les piègent ensuite. Chaque espèce a imaginé sa propre méthode pour capturer ses proies. Pour les digérer, les plantes carnivores disposent enfin d'un système très spécialisé et inhabituel dans le monde végétal : sécrétées par des glandes, des enzymes* digèrent l'insecte, à l'exception de sa carapace.

Incroyable piège

Le piège de la **dionée gobe-mouche** est formé de deux feuilles ouvertes comme un livre et terminées par des piquants. À l'intérieur, trois cils servent de déclencheur. L'insecte provoque sa propre capture s'il heurte au moins deux fois un ou plusieurs de ces cils sensitifs. Ce déclenchement en deux temps serait une mesure de sécurité pour éviter que le piège ne se ferme inutilement sur une poussière. Lorsque le dispositif est stimulé, les piquants se replient les uns vers les autres comme pour former une cage, puis la feuille se referme complètement. En plein soleil, cela ne prend que 1/30e de seconde ; les températures fraîches, un temps nuageux et le vieillissement ralentissent la fermeture. Deux à trois semaines sont nécessaires pour une digestion complète de l'insecte. La feuille s'ouvre alors à nouveau.

Quel aspirateur !

Aquatique ou terrestre, l'**utriculaire** se trouve un peu partout dans le monde. Ses feuilles, très finement découpées, portent de minuscules outres : les utricules. Ces derniers sont fermés par une "porte" recouverte de poils sensitifs. Lorsqu'une proie effleure ces poils, l'utricule s'ouvre et l'aspire : un petit crustacé s'est ainsi laissé piéger par cette utriculaire (*à gauche sur la photo*) !

Il existe environ 450 espèces de plantes carnivores poussant dans des milieux pauvres sur le plan nutritif. Elles sont cependant aussi capables de photosynthèse (voir p. 7), et peuvent donc se passer d'insectes quand elles vivent dans un milieu riche.

Officiellement découverte vers 1760, la dionée a été la première plante carnivore à attirer l'attention. Vers 1865, Darwin est l'un des premiers à croire au "carnivorisme" végétal. Il faudra pourtant attendre la description précise des processus d'assimilation au XXe siècle pour que sa thèse soit admise.

L'urne fatale

Poussant en Asie du Sud-Ouest, en Nouvelle-Calédonie et à Madagascar, le **népenthès**, qui ressemble à une liane grimpante, est particulièrement étonnant et redoutable. Cette plante carnivore est la seule connue capable de dévorer un rat, même si le cas reste très rare ! L'extrémité de chaque feuille adulte prend la forme d'une urne avec couvercle. Ses bords étant glissants, l'insecte qui se pose dessus tombe facilement dans l'urne et se noie alors dans le liquide sécrété par les glandes. La plante n'a plus qu'à le digérer.

Une vraie super-glue

La **drosera** se trouve surtout dans l'hémisphère Sud, mais il en existe aussi trois espèces en Europe. Ses feuilles sont couvertes de poils sécrétant une substance extrêmement collante. Les insectes qui se posent dessus sont à la fois piégés et asphyxiés par cette glue. Les feuilles se referment ensuite sur la proie et les glandes produisent leurs enzymes digestives.

Au menu de ces belles

Les animaux capturés par les plantes carnivores peuvent être aussi bien volants que rampants. Parmi les insectes volants, on compte mouches, moucherons, moustiques, papillons, éphémères, libellules, guêpes, abeilles, sauterelles. Comme animaux rampants : fourmis, chenilles, coléoptères, larves de criquets et de sauterelles, mais aussi des crustacés (cloportes...), des myriapodes (scolopendres...), des arachnides (acariens, araignées...). Les népenthès peuvent "attraper" des animaux plus gros comme des scorpions, escargots ou grenouilles, mais cela reste exceptionnel. La taille des proies dépend de celle du piège.*

Appelée aussi "attrape-mouche de Vénus", la dionée tient son nom de Dioné, la mère d'Aphrodite, déesse grecque de la beauté correspondant à la Vénus romaine. Aussi belle que spectaculaire, cette plante a été désignée par le naturaliste Darwin comme l'une des plus merveilleuses du monde.

Après leur découverte, les plantes carnivores ont donné lieu à beaucoup de légendes. Au XIXe siècle, des récits soi-disant vécus d'explorateurs ont décrit des fleurs féroces happant les papillons d'un coup de dents et ont même fait croire à l'existence d'un diabolique arbre mangeur d'homme à Madagascar !

Lexique

alevin
Jeune poisson juste après sa sortie de l'œuf. Chez certaines espèces, les alevins ne ressemblent pas encore beaucoup aux adultes.

amphibien (ou batracien)
Classe de vertébrés dont les larves (têtards) sont aquatiques, mais qui respirent par des poumons une fois adultes : grenouilles, crapauds, salamandres, tritons.

batracien
Voir amphibien

branchie
Organe de respiration des espèces aquatiques, qui leur permet d'extraire l'oxygène de l'eau.

buccal
Qui se rapporte à la bouche. Un appendice buccal, par exemple, est un prolongement de la bouche.

carné
Ce qui est carné est composé de viande. Les carnivores ont un régime alimentaire à base de viande.

détritivore
Qui se nourrit de débris, de restes (souvent ceux du repas des autres), ou encore de matières organiques en décomposition.

écosystème
Ensemble naturel (forêt, étang, désert...) avec toutes les espèces animales et végétales présentes, et les relations qui unissent ces espèces entre elles et avec leur milieu de vie (environnement, climat).

enzyme
Molécule produite par un organe et chargée de nombreuses fonctions. Par exemple, les enzymes digestives aident à la digestion des aliments.

frai, frayer
Le frai est la ponte des poissons. Frayer désigne leur comportement : fécondation pour le mâle, ponte pour la femelle.

grégaire
Se dit des animaux qui vivent en groupe et qui ont des comportements identiques aux mêmes moments.

invertébrés
Ensemble des espèces animales dépourvues de colonne vertébrale. C'est le cas des insectes, des crustacés, des mollusques.

krill
Petites crevettes planctoniques qui se rencontrent en bandes très importantes dans les eaux froides des océans, et dont se nourrissent certains gros poissons et les plus grandes baleines.

larve
Premier stade de vie de certains animaux (chenille de papillon, têtard de grenouille, nombreux invertébrés marins) avant de se métamorphoser. Certaines larves ne ressemblent pas du tout à ce qu'elles seront à l'état adulte.

mammifère
Ensemble des animaux vertébrés à sang chaud dont les femelles nourrissent leurs jeunes avec le lait de leurs mamelles.

mandibule
Chez les invertébrés, dont les insectes, les mandibules sont les pièces buccales, c'est-à-dire les parties mobiles de la bouche.

marsupial
Groupe de mammifères propres à l'Australie, la Nouvelle-Guinée et l'Amérique du Sud, chez lesquels le développement des petits, après la naissance, se poursuit dans une poche ventrale renfermant les mamelles.

nécrophage
Synonyme de charognard, c'est un animal qui se nourrit du cadavre d'un autre animal.

opportuniste
Animal capable de faire face avec succès à toutes sortes de situations (comme manger du poisson au bord de la mer, des fruits dans un verger et des restes dans une poubelle...).

ouïes
Côté de la joue des poissons recouvrant les branchies grâce auxquelles ils respirent l'oxygène de l'eau.

parasite, parasiter
Un parasite est un animal vivant aux dépens d'un ou de plusieurs autres, leur causant du tort mais sans les tuer directement. Parasiter est l'action du parasite.

placenta
Organe de la gestation présent dans l'utérus chez les mammifères femelles. Il permet les échanges entre la mère et le fœtus.

plancton (aérien et marin)
Ensemble des petits êtres vivants portés passivement par l'air et par l'eau.

préhensile
Qui permet de prendre, de saisir. Se dit de la main et du pied des singes, comme de la queue de certaines espèces.

régurgiter
Phénomène permettant de nourrir un congénère en lui donnant une partie d'un repas déjà avalé.

rétractile
Qui peut se rétracter ou s'allonger, comme les griffes des pattes du félin.

sensille
Organe des insectes constitué d'un cil microscopique relié à une cellule nerveuse. Il détecte les températures, les odeurs, les goûts...

social
Individu de diverses espèces chez lesquelles la vie en communauté se traduit par le respect de certaines règles.

sonar
Système de repérage dans l'espace à l'aide d'ultrasons. Ces derniers se déplacent rapidement et reviennent vers l'émetteur sous forme d'un écho en cas d'obstacle.

super-prédateur
Carnivore capable de manger d'autres carnivores. Il se trouve donc au sommet des pyramides alimentaires.

Index

Références iconographiques

1re de couverture hg : T. Crocetta/BIOS ; hd : M. & C. Denis-Huot ; b : Étienne Leroux – 4e de couverture hd : J.-Ch. Vincent/BIOS ; b : BBC – page de titre h : J. Sauvanet/BIOS ; b : C. Ruoso – 3 b : F. Desbordes – 4 h : F. Desbordes ; m : G. Blondeau ; b : R. Toumayan – 5 h : J.-L. Klein & M.-L. Hubert ; m, b : V. & F. Sarano – 6 : M. & C. Denis-Huot – 7 h, m : G. Blondeau ; b : V. & F. Sarano – 8 h : L. Casiano/BIOS ; m : V. & F. Sarano ; b : F. Desbordes – 9 h : Th. Montford/BIOS ; m : P.-E. Dequest ; b : M. & C. Denis-Huot – 10-11 : D. Heuclin/BIOS – 12 h : C. Ruoso ; bd : R. Courseaux/BIOS ; bg : J.-L. Klein & M.-L. Hubert – 13 hg : V. & F. Sarano ; hd : J.-L. Klein & M.-L. Hubert ; m : S. Dalton/OSF/BIOS ; bg : Ph. Colla/Visual and Written/PHONE ; bd : Th. Allofs/BIOS – 14 h : G. Blondeau ; b : M. Botzek/zefa/CORBIS – 15 h : F. Renard/BIOS ; b : C. Agosto – 16-17 : Étienne Leroux – 18 h : J.-Ch. Vincent/BIOS ; b : D. Heuclin/NHPA/SUNSET – 19 h : BBC ; m : C. Ruoso ; b : D. Heuclin/NHPA/SUNSET – 20 h : F. Desbordes ; b : V. & F. Sarano – 21 h : BBC ; m : M. & C. Denis-Huot ; bg : J.-F. Hellio/N. Van Ingen/PHONE – 22-23 : F. Fouquet/BIOS – 24 h : F. Savigny/BIOS ; md : G. Soury ; mg : V. & F. Sarano ; b : J. Sauvanet/BIOS – 25 h : V. Besnard ; m : R. Cavignaux/BIOS ; b : R. Marion – 26-27 : G. Soury – 28 h : J. Rotman/BIOS ; md : G. Lacz/SUNSET ; b : R. Toumayan – 29 hg : Ch. Vechot/BIOS ; hd : FLPA/SUNSET ; b : J.-Ch. Vincent/BIOS – 30 h : F. Gohier/PHONE ; b : G. Soury – 31 h : BBC ; md : M. & C. Denis-Huot ; mg : G. Blondeau ; b : Oxford Scientific/BIOS – 32 h : G. Soury ; b : M. & C. Denis-Huot – 33 h : J. Dennis Nigel/BIOS ; b : G. Soury – 34-35 : M. & C. Denis-Huot – 36 h : M. & C. Denis-Huot ; b : J.-C. Vincent/BIOS – 37 h : J.-C. Vincent/BIOS ; m : B. Fischer/BIOS ; b : F. Fève/BIOS – 38 h : BBC ; b : M. & C. Denis-Huot – 39 h : M. & C. Denis-Huot ; m : A. Dragesco-Joffé/BIOS ; b : H. Baesemann/UNEP/Still Pictures/BIOS – 40-41 : V. & F. Sarano ; timbre : Franclim Ferreira – 42 : M. & C. Denis-Huot – 43 d : J. Rotman/BIOS ; b : V. & S. Sarano – 44 h : M. & C. Denis-Huot ; b : J.-L. Klein & M.-L. Hubert – 45 : M. & C. Denis-Huot – 46-47 : J.-L. Klein & M.-L. Hubert – 48 h : J.-L. Klein & M.-L. Hubert ; b : R. Marion – 49 h : R. Marion : b : C. Ruoso – 50-51 : S. Dalton/NHPA/SUNSET ; 51 b : BBC – 52 hd : BBC ; m : Dia Contact/SUNSET – 53 h : T. Crocetta/BIOS ; b : M. Wendler/NHPA/SUNSET – 54 : V. & F. Sarano – 55 h : G. Lacz/SUNSET ; b : V. & F. Sarano – 56 h : B. Odeur/Wildlife Pictures/BIOS ; b : M. Harvey/BIOS – 57 h : G. Lacz/SUNSET ; b : D. Heuclin/BIOS – 58-59 : A. Bannister/NHPA/SUNSET – 60 h : F. Desbordes ; b : G. Soury – 61 h : G. Soury ; mg : BBC ; b : F. Desbordes – 62 h, m : G. Soury ; b : BBC – 63 : G. Soury – 64 h : C. Guihard/BIOS ; m, b : V. & F. Sarano – 65 h, b : G. Soury ; m : Brake/SUNSET – 66-67 : J. Rotman/BIOS – 68 h, m : P. Danna/PHONE ; b : V. & F. Sarano – 69 : V. & F. Sarano – 70 h : T. Da Cunha/BIOS ; m : J. Héras/BIOS – 71 h : S. Dhier/BIOS ; m : Ch. Courteau/BIOS ; b : J.-Ch. Vincent/BIOS – 72-73 : H. de Cherisey/BIOS – 74 m : G. Blondeau ; b : Image Quest 3-D/NHPA/SUNSET – 75 h, b : G. Blondeau – fond de frise : L. van Horsten.

Les pictogrammes illustrant la frise ont été dessinés par Nicolas Julo.
Le logo de la collection a été dessiné par Christophe Drochon.

VOIR LES ANIMAUX

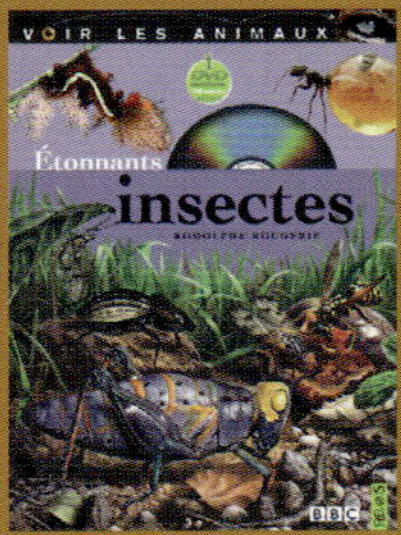

VOIR L'HISTOIRE

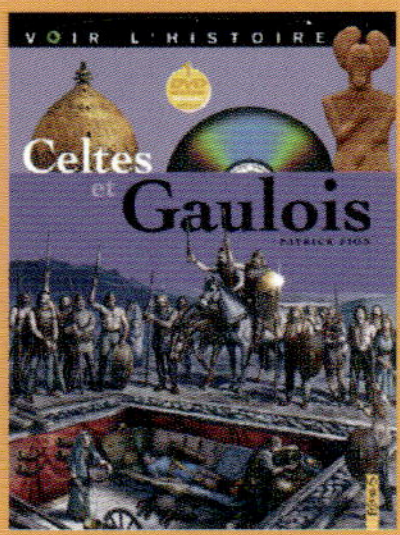

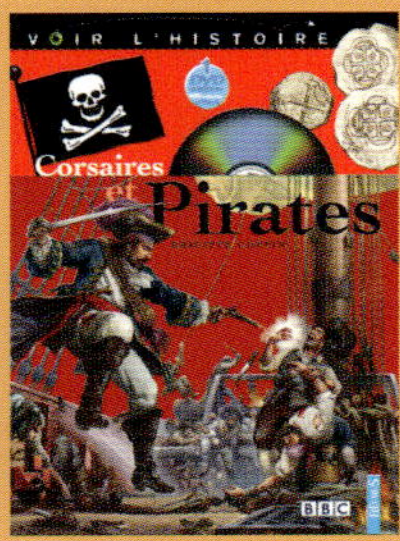